いつか幸せではなく、今幸せでええやん！

幸せの波動は
イマジネーションで
つくられる

尾崎里美
Satomi Ozaki

スタブロブックス

はじめに

「今」を生きていますか？

多くの人たちが未来を心配し、あるいは過去を後悔しながら人生を歩んでいる。

セラピストになって30年、15万人以上の方々と接してきた私の思いです。

たとえば、つぎのような方がいらっしゃいました。

長年の不妊治療の末、私が主催するスクールでイメージ療法を学んだ結果、ついに懐妊されました。ところが喜びも束の間、今度は「無事に生まれてきてくれるだろうか」と心配されているのです。

ほかにも、今健康なのに「病気になったらどうしよう」と不安になったり、今収入があるのに「仕事を失ったらどうしよう」と気がかりになったり。

このように、多くの人たちが目の前の現実ではなく、起きるかもわからない事象に振り回されているのを見てきました。

厄介なのは、そうした思考はほとんどの場合、**無意識裡におこなわれている**ということ。過去の記憶が深層心理下で反応し、未来に対する不安感情として顕在化しているのです。

「よし、今から落ち込むぞ！」と意識しているわけではありません。どこからともなく勝手にやってくるイメージを無意識のうちに感じ、原因もよくわからないまま思い悩んでいるのです。

みんな幸せな未来を望んでいるのに、今、この瞬間に幸せを実感することができていない。つまり「今」を生きていない。

国連が発表した世界幸福度ランキング２０２０によると、日本の幸福度は１５３か国・地域の中で62位と、２０１９年の58位からさらに後退しました。

首位は３年連続でフィンランド。さらに北欧諸国が上位を独占し、Ｇ７（主要国首脳会議）に限ってみても、カナダ11位、イギリス13位、ドイツ17位、アメリカ18位、フランス24位、イタリア30位と、日本の幸福度がきわめて低いのがわかります。

「今」は過去の心がつくった現実

問題は、「今」の感情が未来を創るということです。

「今」の幸福度が低い限り、その思考がループし、いつまで経っても抜け出せないのです。

では何が大切なのかといえば、やはり「今」です。

本書のタイトルでもある「いつか幸せではなく、今幸せでええやん！」という言葉。

これは私のブログ記事の最後に必ず書いてきた言葉です。

多くの人が口癖のように「いつか幸せになろうね」と言っていますが、**「今」は過去の心が創った現実**です。つまり「いつか幸せに」というのは「今は不幸」と言っているのと同じなのです。

今のバイブレーションが、未来の自分が受け取るエネルギーです。だからこそ、「いつか幸せではなく、今幸せでええやん！」なのです。

「いつか……いつか……」って、いったいいつ幸せになるのでしょう。
本当は今、目の前にたくさんの幸せがあります。
なのに私たちは、今、目の前にある幸せに気づいていない。
しかもその結果、望まない未来までをも創り出してしまっている。

では、どうやって今を楽しく過ごし、未来の幸せにつなげればよいのか——そのヒントをお伝えするのが本書です。

「今」をどう生きるか

本書は、私が２０１１年６月から書き綴ってきたアメーバブログの記事を厳選し、大幅に加筆・修正して生まれました。
ブログを始めたきっかけは東日本大震災です。被災された皆さんに自社サイトを通じてメッセージを書いていたところ、読んでくださった方々から「救われた」という声をたくさんいただいたのです。

「文章でも貢献できるのなら……。よし、1年限定で書いてみよう」

そんな思いでブログをスタートし、気づけば今年（２０２０年）で10年目。本書執筆時点での記事総数は１９００以上、お蔭さまで８５００名を超える読者の皆さんに楽しみにしていただけるブログになりました。

記事の内容は、健康からダイエット、スポーツ、ビジネス、教育、子育て、農業まで、じつにさまざま。

共通するのは、**「イマジネーションには無限の可能性があること」「今幸せを実感して生きる大切さ」**をお伝えすることです。

胃がんで余命宣告を受けていた方がスクール受講後に奇跡的に回復されたり、自殺願望のある女の子のうつ病やパニック症候群が治ったり。

あるいは17年の不妊治療ののち、イメージングを教える当社のスクールで学ばれた結果、48歳で初めて妊娠された方もいらっしゃいました。不妊治療のイメージ療法で自然妊娠に成功された方は１００名を超えるでしょうか。

こうしたエピソードはほんの一例で、イマジネーションの力をお伝えしてきた私自身も驚くほどの出来事を数多くご報告いただく中、さまざまなテーマで記事を書きつづけてきたのです。

本書の出版を決めたのは２０１９年の年末のこと。ところがその後、新型コロナウイルスが世界中でまん延し、この原稿を書いている２０２０年8月現在でも終息のめどはたっていません。

奇しくもこのタイミングで発刊することになった本書の役割や意味は何なのか――模索を続けた結果、その時々の状況で書いてきた記事を「笑って生きる」「幸せに生きる」「自分を信じる」「左脳と右脳のバランスへ」「自己変容する」という五つのテーマに分けて編んでいくことにしました。

すべてに共通するのは、「いつか幸せではなく、今幸せでええやん！」というメッセージ。大変な時期だからこそ、「今」をどう生きるのかが大切です。

現在、新型コロナウイルスの影響で仕事が思うように進まなくなった方、経済的に苦しまれている方が少なくないはずです。私自身もスクールを主宰する経営者でもありますから、４か月間の自粛をしました。

それでも私は、今回の新型コロナのまん延に対して大きな驚きはありませんでした。むしろ、新型コロナは新しい時代へのスタートであり、本来の自分に戻るためのチャンスでもあります。

生活様式の変化、自分らしい働き方、医療体制の拡充、国や製薬会社の枠を超えたワクチンの共同開発、地球の環境汚染の改善……すでに新型コロナを機に世界は変わりはじめています。そう、感染症は新しい価値観を生み出すチャンスでもあるのです。

今幸せを実感し、未来の幸せを創造するために――本書が、一人でも多くの方々のお役に立てれば幸いです。

いつか幸せではなく、今幸せでええやん！●目次

第1章

笑って生きる

笑いはもっとも高次のエネルギー。
笑いのバイブレーションが未来の幸せを創り出す

第2章

幸せに生きる

幸せは先にあるわけじゃない。「今」にフォーカスし、「今」の幸せを感じれば、「未来」の幸せも引き寄せる

第3章

自分を信じる

他者を愛し、利他に生きる。すべては自分を信じ、愛することから

第4章 左脳と右脳のバランスへ

AI時代に求められる人間力は直観とイマジネーション

第5章

自己変容する

古い信念や価値観を手放し、本来の自分に戻ることこそ幸せへの道

装　丁　井上新八
本文デザイン・図版　松好那名（matt's work）
校正　株式会社ぷれす

第1章

笑って生きる

笑いはもっとも高次のエネルギー。
笑いのバイブレーションが未来の幸せを創り出す

自分が望む人生をクリエイトする時代へ

「2020年は数百年に一度の大変革の年。何が起きてもポジティブに捉えていいからね」

1年ほど前から、私は周りの皆さんにこのように伝えてきました。スピリチュアルな内容も含むので本書での説明は割愛しますが、新しいシステムに入れ替わる歴史的な転換期には何かが起こるものです。だから私は新型コロナウイルスの問題が起きても、それほどの驚きはありませんでした。

もちろん、仕事や生活に多大な影響を受けた方もたくさんいらっしゃるでしょう。たとえばここ数年で新居に移り住んだり、結婚したり、新しい出逢いがあったり、新しい会社に就職したり、自分で何かを始めたり。あるいは離婚したり、会社を辞めたり、リストラされたり、別れがあったり……。

2020年の今年、この大変革をスムーズに乗り越えることができた人は、一連のプロセスが終わり、すでに自分らしく生きている人です。

一方、今苦しみを抱えている人は、この転換期は大チャンスです。なぜなら、こういうときこそ古い価値観を手放す好機だからです。

目に見えるものの価値から、目に見えないものの価値を大切にする時代へ。

給料やお金よりも、生きがいや楽しさなど、心や精神の豊かさを重視する時代へ。

生きるためだけに働くのではなく、自分の才能を使い、喜びのために自分が大好きなことをする時代へ。

この数年で、今までの価値観が変わった人も多いのではないでしょうか。

本当に自分が望む人生をクリエイトする、そうやって生き方を見直すチャンスの時期なんです。

本書では、奇しくもこの時期に発刊することになった役割も自覚し、ウィズコロナ、アフターコロナ時代に本来の自分に戻り、自分らしく生きていくためのヒントになるような内容をお伝えしていきます。

変化のときこそ笑って生きる大切さ

２０１２年に兵庫県淡路市に１４００坪の土地を購入し、癒される空間を３年かけてデザインしてきました。テーマは「平和と癒しと愛」――まさしくイマジネーションです。

建物の床下には、マイナスイオンを発生させるために麻の炭を入れました。天と地を結ぶ８角形の石段には、平和のシンボルでもあるオリーブの木を植樹。さらにガーデンにはインディアンの木を、入口には「才能」という花言葉のポニーテールを植えました。

そして２０１４年９月24日、淡路の地に誕生したのがセミナーハウス「ホピヴィレッジ」です。

「ここに来られるすべての方々が本来の自分に戻り、ご自身の才能を活かし、楽しい人生を歩めるように」とイメージし、ネイティブ・アメリカンのホピ族（平和の民）にあやかって「ホピヴィレッジ」と名づけたのです。

その後、当時のメイン拠点だった神戸北野のセミナーハウスと淡路の二拠点でスクールを展開していましたが、２０１７年1月28日を最後に神戸のセミナーハウスを閉じる決断をし、淡路一拠点でのスクール開催に切り換えました。

当社のスクールには日本全国はもとより、海外から参加される方も少なくありません。神戸のセミナーハウスは三ノ宮駅や新神戸駅からも近く、参加する方にとっての利便性は申し分ありませんでした。神戸での展開はすべてが順調だったからこそ迷いもありましたが、直観を信じ、淡路一拠点にすることを決めたのです。

２０１９年にはホピヴィレッジ５周年を迎え、以降もお蔭さまではるばる明石海峡大橋を渡り、たくさんの方々が淡路に来てくださっています。

さらに２０２０年は当社設立25周年の節目の年でもあり、セラピストとしては30年。私にとってひとつの区切りでもあり、新しい時代へのスタートの一年でもあります。

２０２０年2月まではスクールを通常どおりおこない、様子をみていました。ですがコロナちゃん（以後、新型コロナウイルスをこうよびます）の影響が大きくなってきた２０２０年3月2日、スクールの当面の自粛を発表しました。

ホピヴィレッジは大自然の中で隔離状態のような環境ですし、地元の方でもこの前の道はご存じなく、車もほとんど通りません。正直、感染リスクは高くはないわけですが、私はイメージ療法も教えています。各クラスにはがん治療で参加されている方が必ずいらっしゃいますし、高齢の生徒さんや基礎疾患のある生徒さんもいらっしゃることから、参加者の皆さんの命を優先して全面自粛に踏み切ったのです。

以降、緊急事態宣言が解かれ、4か月間の自粛ののち、兵庫県や関西の感染状況が落ち着いたこともあり、あらゆる感染対策を講じて7月にスクールを再開。今後も状況に応じて柔軟に対応しつつ、新しい生活様式の中で最善の方法を選択していこうと思っています。

さて、コロナちゃんの影響を受けた業種の中でも、移動をともなう旅行業界、密の状況になりやすいイベントやセミナー、ライブハウス、演劇業界や飲食業などは経済的にもとくに大変だったことでしょう。

当社も自粛を余儀なくされたわけですが、視点を変えると、一人で自分自身と向き合うチャンスの期間でもありました。私も自分について、またコロナちゃんがやってきた原因について、ゆっくりと考えることができました。

とくに思いをはせたのは地球環境です。人間の営みの影響で地球温暖化や森の伐採などが進んでいますが、こうした自然破壊も原因のひとつだと思うのです。

さらに距離を取るソーシャル・ディスタンスも何らかのメッセージを私たちに伝えてくれている、そんなふうに思いました。

今回のパンデミックは野生動物と人間との距離が近くなり、コウモリが保有するウイルスが人間に感染したことから始まったともいわれています。近年、山から下りてきた動物が畑の野菜や果物を食べつくし、農家の人たちが大変な思いをされています。もちろん動物も生きるのに必死ですから責めることはできません。むしろ私たちは、動物と人間との共存をもう一度、考え直す時期にきているのかもしれませんね。

人類の集合意識（１３５ページ参照）に対する恐れも原因のひとつだと考えています。ネット社会の現在、インターネットという仕組み自体は中立ですが、使う人によってよい道具にもなれば悪い道具にもなりえます。ネットでの誹謗中傷が問題視されていますが、これもテーマは他者との距離です。

だからこそ、この機会に**他者とのバウンダリー（距離）の侵害も見直すといい**ですね。自分と他人の距離感、空気、空間を感じて行動できるというのも、第４章で詳しくお伝えする右脳の力のひとつです。

このようにコロナちゃんは、私たちにさまざまなメッセージを与えてくれているように思います。ただし恐れることで感染が止まるわけもなく、逆に免疫を下げる要因となるのが心理的なストレスです。

とくに外出自粛が続くとストレスをため込んでしまう人も少なくありません。ストレスは顕在意識と潜在意識との葛藤です。ウイルスへの恐れから気持ちに余裕がなくなり、情報過多に振り回されてしまうのです。会いたい人とも距離を取らなくてはいけません。

だから**非常時こそ、自分なりに楽しみを見つけて過ごすのが大切**です。

イマジネーションの力は無限ですから、たとえば1日一回、嬉しかったことや楽しかったこと、感謝したことなどを思い出したり、未来の夢が叶っているところをイメージしたりして、自分で自分を愛することが大事ですね。

さらに感染しないからだをつくるためにも、免疫力を高めるための行動も大事。そこで私なりに実践している二つのことをご紹介しましょう。

①自然栽培の野菜で生命力アップ！
②「笑い」で遺伝子のスイッチＯＮ！

①自然栽培の野菜で生命力アップ！

淡路島に移住後、ホピヴィレッジの開設とともに、もうひとつチャレンジしてみたかったのが野菜づくりです。しかもただの農業ではありません。肥料も農薬もいっさい使わない１００％オーガニックの自然栽培で、潜在意識が癒されるヒーリング野菜を育ててみたかったのです。

発端は、ホ・オポノポノ（ハワイ発祥の問題解決法）の伝道師でもあるヒューレン博士との出逢いでした。

「クリーニング食（潜在意識を癒す食）を創るのが日本人の役割です」

ヒューレン博士のこのひと言を機に、人に対しておこなうヒーリングを使って野菜を育てる実験をしようと思い立ちました。自身のチャクラとエネルギーフィールドを

ヒーリング野菜を育てはじめて１年目。まるで木のように、生命力あふれる姿に育ったロメインレタス。茎の太さが生命力の証

整え、種、土、野菜にエネルギーを入れながら栽培するのです。

この壮大なエネルギー実験をどうやって実行し、実現させるのか……模索する中で共感できるいろんな人たちとの出逢いもあり、前代未聞の野菜づくりが始まったのでした。

２０１７年、私は土も触ったことのないような状態でしたが、野菜にイメージを送りながらの栽培が始まりました。種を蒔くときはすべてのチャクラ、エネルギーフィールドを整え、いろんな周波数を変えながら……と、かなり怪しい育て方ですが（こんな農家いないでしょうね）、１年後には生命力のある、まるで木のような野菜が

大葉も３倍のサイズ(上)、
ミニのラディッシュは
なんと５倍に

見てください、このとんでもないサイズの紫キャベツ。
3.7キロと、スーパーで買った通常サイズの３倍の大きさ

育ちました。

現在、ヒーリング野菜を育てはじめて3年ほど経過し、従来の常識では考えられないような生命力みなぎる野菜が育っています。

写真の紫キャベツの茎を見てください。この茎の太さが生命力の証です。

私がおこなっているように**自身のチャクラとエネルギーフィールドを整えて、地球と自分がつながるとこのように育つ**のですが、反対に心配や不安で振り回されている人は地に足がつかず、グランディング（48ページ参照）ができていないので生命力が弱く、ここまでには育ちません。

だから茎が細くなり、そのままでは枯れ

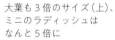

てしまうので肥料がいるのですね。ところが肥料を撒くと虫がきます。だから農薬を使うのです。**すべては自分の意識とつながっている**ということです。

とはいえ、こんな育て方はやはり普通じゃないので（笑）、周りからすると信じられないらしく、「どうやって育てているのか教えてほしい」という声をたくさんいただきます。そこでオリジナルのヒーリング法につぎのような名前をつけて広めていくことにしました。

●「PREMA《プレーマ》セラピー」

言語だけでなく、直観による周波数を使ったオリジナルヒーリング。私の肩書も「お笑いプレーマセラピスト」に。

●「PREMA野菜」

PREMAセラピーを用いて育てた野菜。

正直、今の私は農家なのか講師なのかわかりません。「半農、半講（半分農家で半分講師）」の状態です（笑）。

私自身、こうしてヒーリング野菜を栽培し、育った自然栽培の野菜をいただくことで、免疫力を高めているのです。

もちろん自分自身のためだけではありません。スクールの生徒さんやスタッフたちにもたくさん食べてもらおうと野菜づくりに励んできました。

さらに2年前からは、ホーリーバジル（インドで「聖なる植物」「不老不死」とよばれ祝福も意味するハーブ。抗菌作用や抗酸化作用、免疫力アップ、精神安定、新陳代謝にもよいとされる）ハーブティをオリジナルでつくり、がん治療中の生徒さんにプレゼントしてきました。

このホーリーバジルはからだによいだけでなく、空気中の有害物質を浄化するオゾンも発生しています。そこで

ホーリーバジルもこのとおり。通常は40センチから60センチほどですが、107センチまで育ちました

今年から、地球温暖化対策に貢献する意味も込めて、ホーリーバジルの種を生徒さんやブログ読者の皆さんにプレゼントしてきました。日本中に広げようと、すでに１２００人以上の方にプレゼントしています。

それだけではありません。私がプレゼントして育ててもらったホーリーバジルから採れた種を、１２００人の方々からさらに周りの皆さんに広げてもらうプロジェクトもスタートしました。ホーリーバジルは植物の中でもっとも多くの天然オゾンを発生させるハーブなのです。

こうして活動を始めた矢先、すばらしい情報が入ってきました。２０２０年5月、奈良県立医科大学が「オゾンによる新型コロナウイルス不活化」を世界で初めて確認したというのです（２０２０年5月14日、公立大学法人奈良県立医科大学・一般社団法人ＭＢＴコンソーシアム発表）。この情報を聞いたときには驚きました。私たちが取り組んできた環境汚染防止のためのプロジェクトが、まさかコロナ対策にも効果が期待できるとわかったのです。生徒さんたちも感動していました。

このように、生徒さんや周りの人たちの免疫力を高めるようイメージしながら野菜づくりを楽しんでいるのです。こうしてワクワクと野菜づくりに励むこと自体が私の免疫力強化の実践でもあります。

もっとも、１００％オーガニックがからだによいのはもちろんですが、だからといって、農薬や肥料を使用して育てた野菜を食べているだけでは免疫力が高まらないのかといえば、まったくそんなことはありません。

私は**「物質の力は30％、心が70％」**と思っています。玄米や自然食などをいくらからだに入れても、心がストレスなら、その心のほうが問題だと思うからです。「おいしい！」と思ったり、「ありがとう」と感謝をしたりしながら食べる心のほうが大切だということです。**「何を食べるか以上に、誰とどんな心で食べるか」**ですね。

皆さんも、大好きな人たちとともに、おいしく食べる心の食事を大切にしてくださいね。それが免疫力向上の秘訣です。

②「笑い」で遺伝子のスイッチＯＮ！

免疫力を高めるもう一つの方法が「笑い」です。無農薬野菜はちょっと値が張るかもしれませんが、笑いは誰でも手に入れられます。しかもタダ（笑）。お金は１円もかかりません。

日本神話でも、「笑い」によって岩戸開きをしたと伝えられています。

弟の須佐之男命《すさのおのみこと》の乱暴で天照大神《あまてらすおおかみ》が天岩戸に隠れたため、闇になった世では作物もできず、困り果ててしまった。そこで女神のアメノウズメがバカな踊りをしたことがきっかけで八百万の神が大笑い。その大きな笑い声が高天原に響き、天照大神が天岩戸の扉を開け、世に闇から光が戻った——。

さらに笑いで遺伝子のスイッチがONになることもわかっています。

アホになり笑うことで、闇から光の道が開かれたように、コロナ禍の今こそ、愛に満ちあふれたアホになり、免疫力をアップしましょう！

さあ、本書はここから〝笑い〟全開、〝里美ねえやん節〟も全開でいきますよ！

笑いとイメージングで幸せホルモン大放出！

コロナちゃんによる自粛生活に入ってから、私はひたすら家から出ない引きこもり状態を続けていました。

ケーキをつくったり、お料理を楽しんだり、新しいエネルギーで野菜の研究をしたり、絵を描いたり……と、クリエイティブなことを無我夢中で楽しんでいたのです。

そう、この**無我夢中というのが〝我がない状態〟、つまり本来の自分**です。いわゆるフロー状態（集中力が増し、のめり込んでいる状態）ともいいますね。この状態のときに直観がきたりするものです。

私は小学生のころから新聞配達をして働いてきましたから、仕事をしてきた期間がとても長いんです。もう定年でもいいくらいです（笑）。４か月もお休みって、私にとっては貴重です。お休みをいただくと「何をしよう」とワクワクして、まさに幸せホルモン大放出！　なのです。

科学的な話につなげると、そうやって好きなことをイメージすると、神経伝達物質である幸せホルモン「エンドルフィン」が27％上昇することが証明されています（Anticipating A Laugh Reduces Our Stress Hormones, Study Shows:American Physiological Society/April 10, 2008）。エンドルフィンには痛みや苦しみを癒すスト

レス解消、さらに免疫力を高め、からだの修復力まで高める効果があるとされていま
す。

イメージや音による癒しは、古代アトランティス・レムリアの時代から使われてきました。自律神経や免疫体、内分泌や神経系、感情レベル、思考レベル、精神レベルに深く触れ、肉体レベルでどんな症状や病気にも有効だといわれています。

私自身、スクールでトランスパーソナル心理学やトラウマ授業など、深くて難しい授業をお笑いでやっていますが、「笑い」にはとてつもない癒しの効果があるのです。

事実、笑うことで効率性や創造性、意欲にかかわる神経伝達物質「ドーパミン」も生成されますし、がん細胞をやっつけるNK細胞も増え、自然治癒力が活性化することも解明されています。

最近では、こうした笑いの効果が広く知られてきましたね。

以前、最先端医療の番組を見ていたら、がん治療にもっとも効果のあるのは「大爆笑すること」と医師が語っておられました。その番組では伝えられていませんでしたが、3時間笑うだけでNK細胞が4〜6倍増えたという実験結果もあるくらいです(うそ笑いではなく、心からの大爆笑ね)。

笑いとイメージング。大爆笑と瞑想（イメージング）。動と静――真逆だと思う人もいるでしょうが、ハートをオープンにし、顕在意識から潜在意識、集合意識、超意識へと、意識を拡大するという意味でどちらも同じです。

突然の啓示的な直観や気づきも笑いをともないます。どんな独裁主義者、他者を支配する人でも、ユーモアのある人だけには勝てず、誰も抑え込めないともいわれるほどに。**笑いは、他者の心に自由と受容をも与える**のです。

誰かに支配されそうになったら、ユーモアをもって笑い飛ばそう。

自分の思いどおりに支配する人の内側には恐れがあります。他人を支配しようとする人は、何を恐れているのでしょう。真の自由とは、恐れのない状態をさします。

さらに先ほど触れたドーパミンは、ご褒美を与えることでも大量に分泌されます。

さあ、イメージしてみてください。

あなたのいちばんやりたいことは何でしょう？

大好きな人たちと旅行？
大好きなレストランで食事する？
大好きな人たちとハグする？
大好きな人たちと思いっきりしゃべる？

なんでもいいのです。どうぞ、ワクワクすることをイメージしてみてください。

もちろん好きな音楽を聴くのもいいね。ドーパミンが大放出ですから。大好きなグループやミュージシャンのコンサートに行っているイメージでも、実際にその人たちの音楽を聴いても、心がワクワクすればどちらでもＯＫ！

変容のプロセスは誰の人生にも起こります。一見ネガティブに思えるようなときや、非常時にこそ、**自分が本当にやりたかったことに気づくチャンス**なんです。

加えて、精神の安定にかかわる神経伝達物質「セロトニン」は朝の日光浴や運動で分泌されるといわれています。

好きなことをイメージし、大爆笑し、日光浴をしながらからだを動かす――トリプル幸せホルモン大放出！　わっはっは!!

ユーモアとは、魂を支えるほどに大事なもの

行動生物学の分野で興味深い研究があります。

進化する集団、最後に生き残る集団とは、**所有物や利益を独占せず、助け合い、ゆずり合い、分かち合いの精神をもった「お人好し集団」**だというのです。力をもっている人、自分のことを優先させる人、競争で勝ち残る人といった一般に思い浮かべるような強い人ではないのです。

まさに日本の国民性そのものですね。これからは、競争してでも、自分さえよければいいという人が生き残る時代ではありませんね。

とはいえ、エゴは常に自分が生き残る戦略を考えています。人類が生き延びたのもエゴが影響しているのはたしかでしょうから、そのこと自体によい悪いはありません。

今後は**分離ではなく、もっと全体的に、自分も他人も幸せに、右脳的な女性性の思いやりや調和を考える人ほど、すべてが順調に幸せになっていく**でしょう。

そんなコロナ禍の今、直木賞受賞者の五木寛之さんが書かれた『大河の一滴』がにわかに売れているのだそうです。22年前の本なのにです。

同書は、つぎの一文から始まります。

私はこれまでに二度、自殺を考えたことがある。（『大河の一滴』〔幻冬舎〕13P）

苦しみの中で読みはじめた読者はこの一行目で心をつかまれ、以降、展開されていく癒しの言葉や生きるヒントに活路を見出していくのでしょう。

このように書物で癒しを得るのも大変な世の中を生き抜くひとつ。あるいは以前見た番組「世界一受けたい授業」では、極限状態の中、苦境を乗り切り、生き残れる人の三つの特徴が解説されていました。

①「八方塞がり」の状況でも、あと「一方」開いていると捉えられる人
②本当に辛いときこそユーモアをもてる人
③挨拶をきちんとしマナーやエチケットを守れる人

まず「①」と「②」から。

極限状態の中にあっても、人は生きていくうえで「笑い」が必要ということですね。たとえ笑えるような状況ではないところでも、「ハハハハ」と笑う。そうやって笑える人のほうが、厳しい条件下でも生き抜いたというのです。しかも笑うときは「ハハハハ」って息を吐きますね。「八」は無限のエネルギーでもあります。

実際、エピソードが多々残っています。

第二次大戦中にナチス・ドイツが推進したアウシュヴィッツ強制収容所から生還をはたしたユダヤ人精神科医ヴィクトール・フランクルは、「人間がこの極限状態を耐えて最後まで生き抜くには感情が大切」と語りました。収容所では毎日、ジョークを言い合い、みんなで笑うことを実行して精神を保ったそうです。

「ユーモアというのは単に暇つぶしではなく、人間性を失いかけるような局面の中では、人間の魂を支えていくほどに大事なものだ」

番組で紹介されていたヴィクトール・フランクル医師の言葉を、今こそ大切にしたいですね。

そういえば以前、精神科の病院の院長が当社のスクールに通われていました。

「ずっと患者さんと接していると、自分も病みそうになるから」

そんな理由で笑いに来られていたのです。もはや私は講師なのか、農家なのか、お笑い芸人なのかわかりません（笑）。

最後の「③」は一見、意外に思う人がいるかもしれません。

ルールを無視して、自分のことだけを考える人もいるけれど、**本当に最後まで生き残るのは、社会的ルールを守れる人**というのです。

でも私は意外には思いません。これって日本人のことだと思いませんか。

現に日本はロックダウンもなく、罰則もないのに、助け合いの精神でほとんどの方が社会のルールを守り、自粛し、その結果医療崩壊を防ぎました。自主的にルールを順守し、医療従事者や重症者の方たちを守ったのです。

これは本当にすごいことです。まさに進化する集団、生き残る集団を体現しているといえるでしょう。

怒りも悲しみも自然の感情。解放すると笑顔に

２０２０年は私自身、原点に戻る区切りの一年であり、またセラピスト人生30年の集大成の一年でもあります。

25歳のときに攻撃を受け、子どものときに受けた虐待のトラウマの転移がスタートしました。心身症になり、自殺も考えるほどの苦しみの中、自分を癒すために心や精神、ヒーリングの世界を学びはじめたのです。

最初はブリージング瞑想（呼吸法を使った瞑想）からでした。この分野だけで恩師が６人もいるほどさまざまな呼吸法を研究しつづけた結果、瞑想の世界権威であるインドのＯＳＨＯにたどり着きました。ハードな呼吸の瞑想ですが、いちばん練習した瞑想でした。

インドの神秘家・ＯＳＨＯの本より――

ゆだねの術とは、非物質的であり、無限なるものであり、真の実存を体験するということ。気づかぬうちにゆだねの状態にある瞬間が少しだけある。腹の底から笑っているときだ。幸せになるのに、笑い以上に効く薬はない。ユーモアはあなたのばらばらな断片をつなぎ、ひとまとまりにする。豪快に笑うとき魂とからだがひとつになる。笑うとき、泣くとき、歌うとき、踊るとき、あなたはひとつになって調和する。笑ってごらん。その笑いが深ければ、あなたの核の最深部にまで到達する。それはまさにハイアーセルフから沸き起こり周辺へと広がりあなたはひとつになる。

日本人は「怒るのは悪いこと」と教えられ、「男の子なんだから泣いてはダメ」としつけられたりもしますね。

でもね、怒ることも、悲しむことも、泣くことも、ぜんぶ自然の感情なんです。にもかかわらず、日本人はそれを止める、止められることが多い。

怒りや悲しみには、本当はよいも悪いもありません。怒りや悲しみは、ただエネルギー（振動数）が流れているだけなんです。だからこそ、**思いっきり泣くと、思いっ**

きり笑うこともできるのです。

赤ちゃんをみてください。赤ちゃんの笑顔は無条件に愛おしいですね。そんなふうに赤ちゃんの笑顔が純粋なのは、自然に泣くことが許されているからです。

私は、母が亡くなったとき、4日間号泣しました。おかげで、こうやって豪快に笑えるんです！　わっはっは!!

病気とは闘わず、愛のエネルギーで満たす大切さ

前項の続きで、感情についてもう少し。

当社のスクールには病気を患っている方もたくさん来られます。

とくに多いと感じるのは、乳がんの方や子宮がんの方。

子宮は自己感情、胸は他者感情。どちらも感情のセンターです。日本人は感情を抑圧する傾向が強いのも、病気の原因のひとつになっているのかもしれません。

イメージ療法には、がんが小さくなるイメージをする方法がありますが、私はその方法は使いません。日本人に合うように、逆の方法を用いるんです。実際、私のオリ

ジナルのイメージ療法で乳がんが消えた方がいらっしゃいました。

ではその逆の方法とは何かといえば、がんとは闘わず、感情を解放し、愛のエネルギーで満たすやり方です。

人間はからだの肉体だけでなく、エーテル体、感情体、メンタル体、アストラル体、エーテルテンプレート体、天空界体、ケセレックテンプレート体など七つのボディからできています。そのうち三つは感情とリンクしています。どこかでエネルギーが滞ると肉体に症状としてあらわれます。これが病気のメカニズムです。「病は気から」と言いますね。

一方、「病は肉体から」とは言わないものです。エネルギーの停滞の原因は、その多くが子どものときの感情のブロックです。子ども時代にトラウマを抱えてしまうと、大人になってからその傷を感じないよう防衛し、本来望んでいる人生が歩めなくなるのです。

ヒーリングが始まると、皆さん子どものときにブロックしていた涙を流し、解放されていきます。

もちろん、どんなに泣いたっていいんですよ！　感情の涙はストレス物質が流されますから（玉ねぎで流す涙は違う物質です）。

他人を攻撃するための怒りは防衛ですが、ただそこにあるのを認め、感じるのは自然なこと。ただ感じてあげればいいね。

ときには布団を叩いたり、枕を叩いたりね。

怒りの前には悲しみがあります。心とからだはつながっています。肉体の治療も大切だけど、心も大切。

泣いても笑ってもどちらも解放なんです。

医師でもない私のところに、心を学びに乳がんの方たちがこれだけ学びに来られるとは……それほど多くの方が感情をため込んでいるということかもしれないですね。

自律神経を整え、うつ病を克服する三つの方法とは？

私は日々、たくさんのお手紙をいただきます。

数年前には、うつ病を患っていた女の子から「毎日の自殺願望や落ち込みがまったくなくなりました」と感謝のお手紙をもらいました。彼女は、うつ病の方だけを対象としたボランティア講座を開講した際に参加してくれた一人です。

なぜボランティア講座を開いたのか、背景にあるのは私の経験です。

先ほど少し触れたように、私自身も心身症を患ったことがあるからです。

その経験が現在のセラピストへとつながりました。多くの方と接する中でうつ病と闘う方がたくさんいることを知り、少しでもお役に立てればと思いボランティア講座を企画したのです。

厚生労働省が3年ごとにおこなっている「患者調査」（全国の医療施設対象）によると、1996年に43・3万人だったうつ病などの気分障害の総患者数は、2017年には127・6万人と21年間で約3倍に増加しました。


なぜこんなにもうつで苦しむ人が増えているのでしょう。

日本はストレス社会といわれるように、**多くの日本人は交感神経が優位の状態**になっています。

自律神経には交感神経と副交感神経の二つがあり、交感神経とは日中に優位に働く緊張状態の神経、副交感神経とは夜間に優位になるリラックス状態の神経です。交感神経は闘争モード、副交感神経は休息モードともいえます。

もちろんそれぞれに役割があるわけですが、ストレス（心の葛藤や恐怖、怒り、不安、睡眠不足など）を受けると交感神経に偏っていきます。

闘争モードを引き起こすストレスはまさに闘争ホルモンのようなもので、戦うか逃げるかというノルアドレナリンの過剰分泌を引き起こし、自律神経のバランスを崩すのです。自律神経を整える癒しの物質セロトニンの分泌が低下した状態であるともいえます。

つまり交感神経優位の状態とは、長期にわたって緊張しつづけているということです。その状態が続くとうつ症状が誘発されて、自殺する人も出てくるわけです。

ストレスがかかる原因は人それぞれですが、大人の場合、**仕事人間の真面目な人がうつになりやすい**です。休んでいると悪い気がして働きつづけてしまうのです。実際、仕事をがんばっている人からのうつ病やパニック障害の相談が多いです。

日本では働き方改革が進められていますが、同時に休み方、遊び方の改革も大切ですね。20代の頃の私は若いから大丈夫と思って休みなく働き、最後は倒れて入院でした。今はお正月と夏に2か月のお休みをとっています。

一方、子どもの場合は**繊細でクリエイティブな才能をもつ子が引きこもりやうつ病になりやすい**と感じます。芸術的な才能を発揮できる素地がありながら、不登校に苦しんでいるケースが少なくないのです。

あとは虐待による心の問題ですね。日本では、昔に比べて児童虐待が10倍も増えたそうです。親も心の問題を抱えているのです。

私自身も子ども時代に親せきの家に預けられて虐待を受け、うつ病と引きこもりで苦しみました。自信がなく、自分の存在理由がわからず、自尊心が低く、誰とも口をきけず……そんな自分のことが大嫌いでした。

こうした自己認識の低さは当時の私に限らず、日本全体の課題です。内閣府の発表によると、日本を含めた7か国（日本、韓国、アメリカ、イギリス、ドイツ、フランス、スウェーデン）の満13〜29歳の若者を対象とした意識調査（我が国と諸外国の若者の意識に関する調査［2013年度］）の結果、日本は諸外国と比べて自己肯定感がもっとも低いことがわかりました。

当時の私は怒られたり、暴言をはかれたりする中で重度の難聴になりました。見たくないという意識から視力が低下していきました。無意識に髪の毛を抜きはじめ、爪をかみ、自殺願望を抱いていました。他人と比べられることでも脳は萎縮しはじめます。

高校生になると、自己愛や女性性の2チャクラがブロックされ、子宮や卵管、卵巣の病気で何度も入院することになります。そして子どもができないからだと医師に言われました。

実の父は、私が5歳のときに離婚したのですが、私を抱きしめたことは一度もなかったそうです。それは、病みますね（笑）。スキンシップは愛を感じる瞬間なので、子どもにとってもっとも大切です。

でも、こんな私でも、今は自分のことが大好きで、笑って幸せな日々を送っています！　だから大丈夫。うつや引きこもりで苦しむ子どもたちのために心の授業をおこなっているのは後述のとおりです。

さて、うつ病の方から相談を受けた際、お勧めしている方法があるのでお伝えしておきましょう。第5章でご紹介しているブリージング（223ページ参照）のほか、グランディングや医療体操などです。

●グランディング

グランディングとは、地に足をつけて、今をしっかり生きることです。**足の裏を感じながら土の上を歩いたり、スクワットしたりと足の運動**がいいですね。

イチローさんが現役時代に股関節の柔軟性を高める股割りのようなストレッチをされていたのをご存じの方も多いのではないでしょうか。イチローさんのように両足を開いて地に足をしっかりとつけて、肩入れをするストレッチもグランディングです。足の運動やストレッチで地球とつながるのです。

スピリチュアルな話を少しすると、第一チャクラは元気の源であり生命力です。これは私のようなヒーラーにとっても必須の力で、どれほどスピリチュアルな才能をもっていても、大地とつながり、生命力とグランディングできていなければヒーリングはおきません。

私が創る野菜の茎が普通の3倍くらいにまで太くなるのは、生命力の源である地球のエネルギーとつないでいるからでもあります。

うつ病や引きこもりなど、精神的に疲れている人は土に触れるといいですね。グランディングが強化され、気の流れが変わって元気になることでしょう。

野菜は、土と水と太陽と空気がないと育ちません。人間も同じなんです。土、水、太陽、空気……どれも当たり前に存在しているので見失いがちになりますが、野菜だけでなく、人間にとっても大切です。地に足をつけ、現実をしっかり生きていけますから。

医療体操

まず**簡単にできるのは指もみ**です。薬指以外の指の爪の生え際を20秒ほど押すだけです。なぜ薬指を外すのかといえば、交感神経が刺激されるからです。薬指以外の4本は副交感神経が刺激されるので、その4本の爪の根本をもむだけでリラックス効果が期待できるのです。

つぎに簡単にできる医療体操として、**足首を回す体操が効果的**です。これはレイキの第一人者・故足助次朗先生が考案された足助体操と呼ばれる運動です。具体的には、寝た状態で足首を右に3回、左に3回ずつ回す動作を何度か繰り返します。つぎに、寝た状態で歩くように両足をパタパタと上下に30秒ほど動かします。

私は、足助体操の普及に努められていた奥様の故足助照子先生から直々に教えていただきました。寝たままで体操できるので、歩くことができないほど体力が落ちている人でも簡単です。

実際、この足助体操を母にさせると歩けるようになりましたし、うつ病の方だけの講座で教えたところ、病院に行っても治らなかったのに回復したと喜ばれました。


あとはやっぱり笑い！　ですね。アホになって大笑いすること、楽しむこと、肯定的な感情（喜びや感謝）をもつことが大切です。

真面目な日本人は遊ぶことに罪悪感すらありますが、たまには**海や川で遊んだり、裸足で土の上を歩いたり、子どものように無邪気になって遊ぶのもいい**ですね。土、水、太陽、空気……そのすべてを感じられる自然の環境に身を置いて遊ぶことでセロトニンが増え、自律神経のバランスが整います。

そうやって副交感神経を回復させることで免疫力や生命力が活性化し、自然治癒力が高まるでしょう。

神様は、すべての人の中に存在する

本章の前半で日本神話を取り上げたので、今度はねえやん流・お笑いバージョンの神話をご紹介しましょう。

ねえやん流・お笑いバージョンの神話

愛しか知らない（恐れがまったくない）一人の神様が存在していた。
名前を「かっちゃん」という。
かっちゃんは、一人でめっちゃ退屈していたのだ。
「何かおもろいゲームでもないかいな」
だけど一人でゲームをしてもつまらない。
そこで、めっちゃかわいい女の子を想像して創造した。
名前は、「めぐちゃん」。

かっちゃんは、めぐちゃんを誘った。

「ゲームでもして遊ばへん？　めっちゃ退屈やねん」

するとめぐちゃん。

「ええで！　じつは私、めっちゃ楽しいゲーム知ってるねん！　それも最高のゲーム」

「えー！　めっちゃ興味津々！　教えてやぁ！」

乗り気になったかっちゃんに、めぐちゃんは全宇宙を創らせた。

太陽、星、月、惑星、地球、海、大気、動物、魚、自然、すべて……。

「まあ！　かっちゃんが創った幻の世界ってめっちゃきれいやん！」

褒められたかっちゃんは、つぎにいっしょに遊ぶ人間を創った。

「みんな同じやったらおもろないな～！」

そこでかっちゃんは、すべての人間に違った才能を与えていっしょに遊ぼうと思った。

すると――。

めぐちゃんは、かっちゃんを捕まえた。そして、一人ひとりの人間の個性、才能の中に、神とよぶ愛のかっちゃんを忍び込ませた。

準備が終わっためぐちゃんが言った。

「かっちゃん！　今からゲーム始めるで！　しかもかっちゃんの記憶を消去したから、もうかっちゃんは自分が誰だか忘れてしまったよ！」

「？？？」

かっちゃんは、よくわからなかった。

「さあ！　自分が誰かを思い出すゲームやで。自分を探すゲーム、スタート!!」

めぐちゃんは無邪気な声で叫ぶ。

気づいたら、かっちゃんは、自分が誰だったのかすっかり忘れてしまった。

この幻のゲームは今も続いている。

そしてかっちゃんは、今も自分が誰だったかを思い出そうとしている――。

かっちゃんとめぐちゃんとのかけ合い、どうだったでしょうか。

お笑いバージョンにすると神様に親しみがもてますね。

この物語を読んで気づきを得た人、「?」と思っている人、それぞれでしょう。

解釈のヒントをお伝えすれば、**今本書を読んでいる読者の皆さんの中にも、すでにかっちゃんがいる**ということです。

そのかっちゃんを思い出す旅とは……詳しくは第5章で(笑)。わっはっは!!

神様はアホが大好物! 無邪気になり、本来の力を呼び覚まそう

当社では、子どもたちに心を教える「トレーナー養成コース」も開催しています。

この養成コースに参加される方はじつにさまざまです。経営者の方、税理士の先生、少年野球を教える監督、元保育士の方などなど。

経歴はさまざまですが、共通するのは無邪気で子ども心をもった人たちだということ! といっても誰よりアホなのは当の本人の私ですが(笑)。まあ、憎めないアホの集まりです! わっはっは!!

２０１３年に養成コース７期生が学んでいたときのこと。この７期生はとりわけ全員が私状態のテンションの高さで大変でした。

ある日、昼食が終わってセミナールームに戻ると……なんと全員がかぶり物！

「何、何？」

すると聞こえてきたのが、

「里美ねえやん！　誕生日おめでとうーーーーー‼」

「ギャーーーーー‼」

サプライズにねえやん号泣。

私の誕生日の時期になると、どこからサプライズが来るのかドキドキです。本当にすてきな人たちと出逢えて幸せいっぱいです。心より感謝です。

こういう**愛に満ちた人たちが増えると、自殺もいじめもなくなり、笑顔あふれる子どもたちが多くなる**ことでしょう。

ところで、すでに本書で「アホ」という言葉を連発していますが、関西弁の「アホ」には親しみのこもった褒め言葉的なニュアンスがあるんです。

「あんたアホやなあ！」

こうして言うほうも、言われたほうも、どこか「にやにや」している感じ。関西人は「アホ」と言うのも言われるのも嬉しいんです。関東の人が耳にするとドキッとするかもしれませんが……どうか含意をご理解いただき、ご了承くださいませ。

せっかくなので、「アホ」をもう少し科学してみましょう。私たちは6歳までは右脳状態なので、すべて（潜在意識やもっと深いところの意識）とつながって分離もなく過ごすのですが、大人になると左脳が活性化してマインドが固くなります。

本来、この右脳と左脳のバランスが必要なわけですが、左脳に偏ってしまうと本来の自分との分離（右脳＝本来の自分が望むことを、左脳＝知識や思い込みが邪魔をする）が生じ、心身のバランスが崩れたり、生きるのがしんどくなったりすることがあります。

言語をつかさどる左脳に対して、右脳は直観やイメージの領域です。赤ちゃんから6歳までの子どもは右脳状態なので、直観をそのまま受け取って過ごせるので無邪気で幸せなんですね。

私がおこなっているヒーリングでも同じように、左脳には少しお休みしていただいて、右脳状態になってもらいます。**右脳状態はエゴもなく、正しい・間違いや損得勘定の判断もなく、純粋**です。そう、右脳状態とは無邪気で純粋なんです。

この「右脳状態」を、最大級の褒め言葉として「アホ」と呼んでいるのです。


ときには、子どものように無邪気に笑って遊んでみる。

ときには、子どものように無我夢中で好きなことに熱中してみる。


私は「天真爛漫」という言葉が大好きです。生まれつきの素直な心そのままに、純真で無邪気で明るい様子を意味する言葉。どちらかというと子どもに対して使いますね。でもね、左脳に偏りやすい大人こそ、天真爛漫さが必要だと思うのです。

大人になっても右脳状態を大切にすることで、左脳とのバランスがとれて分離がなくなり、本来の自分の人生を歩めるようになります。


超古代の人類には左脳がなく、右脳だけだったといわれています。

つまり古代の人類は「アホ」だったんです！

言語をつかさどる左脳がないので、人びとはテレパシーで会話していました。

「そういう意味じゃなくって……」というようなコミュニケーションエラーもなく、右脳の愛と調和の文化を創っていたそうです。

右脳の記憶力は左脳の100倍以上もあり、情報処理能力も高いです。

はい。古代では、人類みんな超能力者状態だったのかも?

アホになることで、人間に備わった本来の力を呼び覚ますことも可能です。

なにより、**神様はアホが大好物！　子どものように無邪気な人が大好きなので、すぐにつながることができるんです！**　わっはっは!!

能天気なヤツは幸せや（笑）

私のブログでもよく登場する能天気男のマネージャー島袋は、出逢ったころは体重が100キロ近くあったんです。お笑いコンビ・ホンジャマカの石塚さん状態でした。

あるとき、聞いてみたんです。

「あのときの自分ってどう思ってた?」って。

すると、

「かっこいいと思ってたけど。別に彼女もいたし、いけてると思ってたけど」とのこと。

さらに「太ってると思ってた？」と聞くと、

「ちょっと太ってるかな、とは思ってたけど」と。

「えっ、ちょっとなん!? わっはっは!!」

そうやって笑い合いました。

今の彼しか知らない人は、当時の姿を見ると驚くはずです。当時からは、なんと35キロも痩せているのですから。

でもね、彼は当時、自分が嫌いでダイエットをしたわけではないんです。

さらにもてるためだったんでしょう。

冗談のようですが、じつはここが大事なポイントで、だからダイエットにも成功したんです。**今の環境、今の自分のありのままを受け入れるところからダイエットを始めたのがよかった**ということです。

今の自分が嫌だからやせたい——これでは「太っている自分」にフォーカスし、その嫌な感情が強いほど、太っている自分のイメージや感情に引っ張られてリバウンドを繰り返します。

今私たちが思い込んでいる美人像や男前像、やせているほうがかっこよくて美しい……そんなイメージは、子どものころから見ているメディアがつくり上げた虚像です。

そもそも、かっこいいも、かっこ悪いも、美人も、そうでない人も存在していないのです。首長族の人たちは、首が長いほど美人なわけですから。毛深いのが美人という国もある。美人、男前の常識なんてありません。

たとえば今の日本ではあまり美人だと認識されていない女優さんやタレントさんが美人だとテレビや雑誌などのメディアが流していて、生まれてからずっとそうした情報に接していたら、その方たちが美人に見える、それだけの話です。

周りから見て、美人と思われていても自分が好きになれない人。
周りから見て、かっこ悪いと思われていても自分が好きな人。

この両者はいったい何が違うのでしょう。

私は思います。

メディアや流行の洗脳に振り回されず、「自分がいけてる！」と思ったもん勝ちなんです。

能天気なマネージャーは、本日も幸せな笑顔で過ごしております。

アホで能天気でオッケー！　だって幸せやん（笑）。

楽しんでいる人とは、本来の自分とつながり成長している人

4年ほど前でしょうか、初めてのご質問を受けました。いい質問だな〜と思ったのでご紹介しますね。

その方は講師をされていて、生徒さんたちに喜んでもらい、講師業自体にはとくに問題はないとのこと。ただ、ワクワクや情熱が続かないというのです。

「講師業は自分の才能ではなく、本当にやりたいことではないということでしょうか」

そんなご質問でした。

職業にかかわらず、同じような悩みを抱いた経験は誰にもあるはず。最初は情熱を

もってやっていたけれど、いつの間にか冷めている自分に気づく瞬間。結婚でも、新婚のドキドキ感がずっと続かないように。

これは普通に感じることですし、だからといって、その職業に自分は向いていないとか、才能がないということではないと思いますよ。

私自身も同じように感じたことはあります。

大切なのは、そう感じたときの意識の向け方。

私の場合、もっと喜んでいただく工夫をすると、またワクワクします。

とくにギャグの新ネタができたときには、寝られないほど嬉しいです（笑）。

何よりご自身の職業を楽しむこと、そして相手に楽しんでもらえることを考えることが大事ですね。

日本人は努力・根性でやってきた方が多いので、仕事を楽しむことに罪悪感を覚える人も少なくありません。

でもね、楽しむことと楽をすることを勘違いされることもありますが、**楽しんでいる人ほど、楽をしていない人でもある**んです。

楽しんでいる人は常に工夫をしたりして、アイデアを現実化して進化させていくので、自分も成長していきますね。他人から見ると努力に見えるかもしれませんが、本人は無我夢中で楽しんでいるのです。

無我夢中とは、〝我を忘れるほど、今に集中している〟ということ。本来の自分とつながって、輝いているときでしょう。

世界中を旅するとニュートラルになれる

これまで夏や冬に長期休暇をいただいて世界中を旅してきました。

各国を訪れて思うのは、常識なんてないということ。日本の常識は世界の非常識、世界の常識は日本の非常識。定期的に日本から出ることで、日本の常識の枠をとり払い、物事をいろんな角度から捉えられるようになります。

たとえばイタリアを旅しているとき、いつも思うことがあります。

イタリアの駅の時計って、よく壊れているな〜と。

しかも改札口がない駅も。にもかかわらず、電車の中でもチケット確認がないんです。無賃乗車は黙認ということ？

あるときは、1等席のチケットを買ったのに、乗り込んだ電車には2等席しかなかったことも。1等席はどこ？　って、電車の端から端まで歩き回りました（笑）。別にいいんですよ。またお笑いネタができたわけですから。イタリアには、きっと笑いの神がいる。ピンチは笑いのもと！　わっはっは!!

能天気なこの国にとってはこれが常識。**世界中を旅すると、ほんとニュートラルになれるんです。**いったい、常識って何でしょうね。

恐れを感じても否定せず、認めてポジティブに変換する

私が心理学を教えるようになったきっかけは自分の病気ですが、当時、病院に行っても薬をもらうだけでなんの治療もありませんでした。

そして必ず言われるのが「早く仕事を辞めなさい」のひと言――。医師からは仕事によるストレスが原因と言われましたが、今、自分がセラピストになってわかることがあります。仕事によるストレスではなく、子ども時代に親せきに預けられていたときの虐待のトラウマの転移がスタートしていたのです。

当時、１週間も眠れないことがたびたびありました。食べることもできず、体重が38キロにまで落ちました。美容師でしたが、からだや手が震え、ハサミもきちんと持てず、思うようにお客様のカットができないのです。過呼吸にもなり、苦しい日々でした。

毎日のようにマンションの６階から下を眺めていました。本気で死にたいと思っていたのです。

当時の私は睡眠薬と安定剤の薬漬けの日々で、精神科に通ってもまったく治らず……そこで薬を断ち、病院に行くのをやめたのです。こうなったら自分で治そうと、心や精神、セラピー、ヒーリングを学びはじめました。

そして、あらゆる角度から人間研究を重ね、オリジナルのイメージ法を確立したのでした。

だから病気に感謝です。生きていて本当によかった、そう思います。

このように、心身症を糧に何かを生み出すことを「クリエイティブ・イルネス（創造の病）」というそうです。

これは精神医学者・エレンベルガーが提唱した概念で、創造的な思想を確立する人たちは心が病む経験をしていたとの研究がベースになっています。心理学者のフロイトやユングも心の病に苦しんでいたというのです。

フロイトは自らの病を解決するために研究し、克服し、精神分析学を確立しました。ユングは幻聴に苦しみ、研究を重ね、分析心理学を確立しました。

つまり、**変容のプロセスも才能、大好きなことも才能**なんです。

どんなトラウマが、どんな思い込みをつくり、どの場所にブロックをつくるのか？二度と傷つかないよう自己を防衛すると、どんなネガティブな行動が起きやすいのか？

その結果、人間関係がどうなっていくのか？

そのプロセスと学びとは？

当社の中級クラスの授業では、そんなトラウマの裏にある本来の自己の性質と才能についても学びます。

中級クラスの卒業生たちは、あらゆる人間関係のトラブルも、世間とは違った視点で捉えることができます。世の中を賑わせるようなトラブルが報道されても、きっと愛をもって見ているでしょう。

感情の中でもっともピュアなエネルギーが「笑い」です。
感情の中でもっとも否定的なエネルギーが「罪悪感」です。

ピュアなエネルギーと恐れのエネルギー。**仮に恐れを感じてもそれを否定せず、認めてあげてからポジティブに変換するといい**ですね。出逢いも別れも、けっして偶然ではないのです。

笑いのエネルギーは、お釈迦様の悟りと同じ周波数

2年ほど前、チベット仏教の法王ダライ・ラマさんのナンバー2といわれる高僧リンポチェさんが講演のために淡路に来られました。そして講演のあと、食事会に誘っていただきました。

ここ数年、お寺の講演会に呼ばれることが多く、スピリチュアル系の話もよくしますが、私自身はとても現実的です。地に足のついたスピ（？）というところでしょうか。ちなみに私は無宗教でもあります。

私自身、いろんな考えをニュートラルにバランスよく取り込むので、仏教についても勉強してきました。お釈迦様は幸せについて語られていましたし、セラピストも同じ心を扱いますからね。

幸せは外ではなく内側、心が決めるものですから。たどり着くところは同じです。

さて、リンポチェさんは南インドで生まれ、16歳まで普通の高校生として生活されていたそうです。

ところがある日、ダライ・ラマ法王から手紙が届き、「あなたはお釈迦様の十大弟子の生まれ変わりの16代目ウパーリ」と告げられました。その日から両親もリンポチェさんに敬語でしゃべられたそうです。そこからの修行生活とは……すごいですね。

食事会では、リンポチェさんのお隣に淡路市の伊弉諾《いざなぎ》神宮（古事記・日本書紀の神代巻に創祀の記載がある最古の神社）の宮司さん、私はリンポチェさんの前という特等席！　チベット仏教と神道のお二人から、ブログや本では語れないようなすごく深いお話が聞けました。

リンポチェさん、笑顔がすてきでやさしい方でした。本で書ける範囲で印象的だったリンポチェさんの言葉を少し。

「人生の目的とは、幸せになること」
「口角を上げ、笑顔でいると幸せになる」
「人生は心電図のようなもの。まっすぐだったら死んでいるよね。だから上がり下がりするもの」

あと番外編として、赤ちゃんのおしりの青あざ（蒙古斑）って、チベットとモンゴルの人と日本人だけなんですって。だから日本人とつながりがあるそうです。そういえば顔もよく似ていますね。

最後に、リンポチェさんに悟りについての真実を確認しました。

「悟りのエネルギーは笑いと同じ周波数である」

「感情の中でもっとも純粋なエネルギーが笑いである」


いつも私が言っているこれらの言葉、はい、真実でした！

リンポチェさん曰く、お釈迦様が目を開けられたとき、大笑いされたそうです。

正確には笑う瞬間のエネルギーですね。

笑っているときの脳波は、高僧が慈悲の瞑想をしているときの脳波と同じということです。だから笑うだけでもヒーリングなんです。

ちなみにリンポチェさんに、いつもの私のお笑いギャグをやってみました。

「釈迦、釈迦、釈迦、釈迦（シャカシャカシャカシャカシャカ）」

DJの手の振りも添えて（スクール受講生しかわからずごめんなさい）。

するとリンポチェさん、大爆笑！　受けてよかったです（笑）。

笑いとイメージワーク（瞑想）はW効果ですね。

悟りとは、今を生きること――リンポチェさんとお会いし、あらためてそう感じました。

その後、2年続けてリンポチェさんとお食事をご一緒する機会をいただきました。

そこで日本の仏教について、ずっと不思議に思っていたことを質問させていただきました。

当社のスクールにはお寺の住職さんも参加されるのですが、中級クラスの授業で話をするチャクラやエネルギーフィールドを皆さんご存じないのです。

チャクラはインド発祥ですし、お釈迦様が悟られたのなら、チャクラは知っているはず。なのに日本の仏教にチャクラが伝わっていないのはなぜなんだろう。

リンポチェさんに聞いてみると、お釈迦様は高僧にだけ教え、空海には伝わったそうです。ですがその先には伝わらず、日本の仏教全体にまでは広まらなかったということでした。

リンポチェさん、貴重なお話をありがとうございました！

第2章

幸せに生きる

幸せは先にあるわけじゃない。「今」にフォーカスし、
「今」の幸せを感じれば、「未来」の幸せも引き寄せる

無意識の思考に振り回されず、「今」に軸を戻す方法とは？

前章でも触れたように、最近はお寺で講演会をさせていただく機会が増えてきました。

「尾崎さんの教えは仏教と同じです」

このように住職さんからよく言われるくらいですから、心の法則はひとつなのでしょう。

ただ伝え方の違いなのでしょうね。私の場合はお笑い心理学ですが（笑）。

２０１８年に西勝寺というお寺で講演会をさせていただいた際、ご住職がつぎのような法話をされました。

「こうすればよかった……」「こうしなければよかった……」と過去の思考に振り回されるのを「持ち越し苦労」と言います。反対に、「こうなったらどうしよう」「失敗したらどうしよう」とまだ起こってもいない未来の心配、不安の思考に振り回されるのを「取り越し苦労」と言います。

この法話をうかがい、私たちヒーラーやセラピストも同じことを伝えていると気づきました。ヒーラーやセラピストたちは、持ち越し苦労や取り越し苦労は肉体から離れて現実の世界から逃避し、妄想の世界に逃げていると認識します。

そうした思考から解放されるために、肉体とつながること、地球とつながること、母なる大地とつながることの大切さを伝えます。まさに前述のグランディングですね。

そう、仏教もヒーラーもセラピストも、伝え方が違うだけで言っていることは同じなんです。

そしてここが大切なポイントですが、**過去と未来の妄想は無意識におこなっている**ということ。

しかも**1日に8万回も無意識に思考**しています。

かくいう私自身も昔は、ひどいときには3日ぐらい無意識に落ち込んでいました。

何度も言いますが、問題は〝無意識に〟という点。意識して落ち込んでいるわけじゃないんです。

ではどうすれば無意識の思考を止め、我に返ることができるのでしょう。

そこで現実的な解決策をひとつ。

過去や未来の思考に振り回されたら、腕でも足でも頬でもいいので、ぎゅっとつねってみることです。

なぜなら、**「痛い！」**って感じているときは**「今」**だから。

思考が過去や未来に飛んでいた状態から我に返り、軸が「今」に戻ります。

よくも悪くも、心が見たいものを見ている

ブログを始めて1年ほど経った日の朝、とても嬉しい数を目にしました。

私のアメーバブログのフォロワー数が〝888人〟だったのです。愛のかたちは六角形と八角形なので、8が3つも並んで大喜び。

さらに今年の2月には、株式会社脳の学校の創業者で加藤プラチナクリニック院長の加藤俊徳先生にお会いする寸前に〝7777人〟を見ました。フォロワーさんの数

はふだんは見ないのに、ふと目についたのです。

現在のフォロワーさんの数は８５００人ほど（２０２０年8月現在）。フォロワー数が「８８８８人」になったときもきっと目につくでしょう。

あと最近は、やけに1時11分に時計を見ます。これをシンクロニシティ（意味のある偶然の一致）ともいいますが、数字の並びにかかわらず、こうした現象は「**心が見たいものを見る**」ことと関係しています。

昔、当社がＧ－ｎｉｕｓ５になる前のスクール1期生の女性の生徒さんで、こんなことをおっしゃった人がいました。

「私は人が嫌いなので、誰もしゃべりかけないでください」

彼女は休憩中、本当に誰とも口をきいていませんでした。

ところがスクールで学ぶうち、ブロックから解放されたのでしょう。卒業時にはたくさんの友人ができて、すてきな笑顔になられていました。

そして卒業式の当日、彼女はこんなことを話してくれました。

「いつも歩いている道に、今日はすっごくきれいな花がいっぱい咲いていて、気分は最高です」

そうやって喜んでいた彼女の姿が今でも浮かびます。

でも本当はね、**花はいつもそこに咲いていた**のです。

彼女には、そのきれいな花が見えていなかった（認識できていなかった）だけなのです。

それが心が癒されて、美しいものが見えるようになった。そう、私たちは心が見たいものを見ているだけなのです。

チャンスもそうやって認識するんですよ。


ある人は、チャンスが目の前にあっても脳が認識しない。

またある人は、離れていても脳がチャンスを認識する。

すべては心の中にあるのです。だからこそ、望むものをイメージしてみよう。するとチャンスはあちこちに見えるようになります。
たとえば赤い屋根の家がほしいとイメージしたら、まちを歩くと赤い屋根がやたらと見えるでしょう。

私は大好きなミニクーパーの車だけを認識するので、世の中ではミニクーパーが常に流行っているように見えています（笑）。わっはっは!!

二つの意識が統合されると現実化する

子どもクラスの日は、私は裏方に回ってお料理をつくります。

子どもが好きな料理を調べ、ハンバーグやシチューをつくったり。ピザ窯もホピヴィレッジのために特別にあつらえていただき（USJのジョーズの絵を描かれた方とプロの陶芸家の方につくっていただきました！）、今や手づくりピザも子どもたちの大人気メニューのひとつ。もちろん、自分で育てたプレーマ野菜をたっぷりと使います。

料理をしていると思います。毎日の料理って、家族やみんなの笑顔をイメージしてつくるといいですね。

世の男性諸君に告ぐ（笑）。

「おいしいね」って言われると、奥様方はさらに「おいしい料理」をワクワクしながらつくります。そして野菜たちも喜び、はりきって栄養を与えてくれますよ。

さて、当社のスクールで恒例になっているのが「名刺の割り箸切り」。その名のとおり、名刺で割り箸を切るんです。最初は「無理！」と言っていた方々も、全員が必ず切れるようになります。なぜって、切れるようになるまで絶対に帰さないから（笑）。

冗談（半分、本気？）ですが、最初は無理と思っていた方も、次第に「できる」と思考が切り替わると、うそのようにスパスパと切れるようになります。**すべての現実は心が創っている**のを体感されることでしょう。

心を学ぶうち、皆さんは多くの葛藤を手放していきます。

「こうしたい」――でも「本当はしたくない」。
「こうなりたい」――でも「私には無理」。
「断りたい」――でも「嫌われる」。
「思いを伝えたい」――でも「言い出せない」。

「食べたい」――「でも食べてはいけない」。

私たちのストレスの正体はこの「葛藤」ですね。つまり顕在意識と潜在意識との闘い……。

この葛藤の相反するエネルギーが、現実化を難しくしている原因なんです。この**分離した二つの意識が統合されると現実化**します。

今は、「過去」の心が創った現実。
未来は、「今」の心が創った現実。

学んだことは、実践あるのみ。葛藤を手放し、今を楽しく。すると楽しい未来が現実になりますよ！

誰でも〝1秒〟で幸せを体験できる

当社のスクールには教員の方々も多く参加されます。

諸外国と比べて自己肯定感が低いといわれる日本。教育の中で、「どうしてこうなったのか」を追究し、改善できたらと思っています。

日本人の自己肯定感が低い理由のひとつには、「欠点を直す」「欠けているものを補う」といった日本の美学が影響しているのではと考えています。

なぜなら、欠点を直そうと思うと、欠点ばかりが目につくようになるからです。欠点だけを見て、自分を好きになることってできないですよね。

そうではなく、**「今あるもの」や「長所」に意識を向ければ1秒で幸せを体験**できます。

私の4冊目の著書『夢を叶える』（しちだ・教育研究所）の共著者である七田厚さんのお子さんは難病だったそうです。七田厚さんは、右脳教育の第一人者・七田眞さんのご子息で、お父様が創設した七田式教育の普及と実践に力を尽くされています。

自然食料理人の船越康弘先生のご子息、耕太さんは子どものころ、生死をさまよう病気を患われたそうです。

私はお二人から同じ言葉を聞きました。

「そこにいてくれるだけで幸せです。存在してくれるだけでいい」

そうです、生きているだけで１００点満点なんです。

以前、お子さんを亡くした私の友人が、子どものことで悩みを抱える方に対して伝えた言葉に考えさせられました。

「明日も生きていると思えるから悩めるんだよ……」

今、欠けているものよりも、今、あるものに目を向ければ、今、幸せを感じられるでしょう。

欠点は長所の裏返しで表裏一体。欠点を裏返せば長所です。欠点もどんどん伸ばしましょう！　わっはっは!!

楽しんでいる人、幸せな人のところに人は集まる

幸せへの道は、使命、個性を生きること――これはプライベートに限らず、ビジネスにおいても同じです。

私は、セラピストになる前は美容室3店舗の経営者だったので、スクールで教える内容も最初はビジネス中心でした。ですから私のスクール受講後、売り上げが10倍に上がったという方も少なくありません。

そうやってビジネスで成幸（幸せに成る意味を含んでいます）している人たちを見て思うことがあります。

何が儲かるかを考えて成幸した人はいない、ということです。

好きなことで成幸します。好きなことは楽しいのです。周りから見ると努力をしているように思えますが、本人は無我夢中で純粋に楽しんでいるだけなのですね。

そうやって**夢中になって楽しんでいる人、そして幸せな人のところに人は集まってくる**のです。

話が変わるようですが、さかなクンはご存じですよね。

さかなクンは、私がもっとも尊敬している人の一人です。テレビで初めてさかなクンを見たとき、「なんてピュアできれいな心のもち主なんだろう」と思いました。まるで日本人の長所のモデルのような、光の原石のような……そんな印象を受けました。

前述したように、自分の心に「好き」がインプットされると、その情報を目や耳からキャッチしていきます。そうやってチャンスを認識するわけですが、私の場合、「さかなクン」が潜在意識に入った途端、しょっちゅうテレビで見ることに。

あるとき、さかなクンのお母さんがテレビに出演され、子育てについて話されているのを拝見しました。そのときのエピソードを、コラボ本を出した七田厚さんとの雑誌対談で語っているので、一部引用しますね。

尾崎：さかなクンの才能を伸ばしたのは、他でもないお母さんなんですね！　いかに子育て、環境が大切かを知りましたね。でもね、勉強もせず、さかなのことばかり。学校から呼び出され、勉強するように先生に言われても、「いいんです。この子はさかなが大好きなんです！」とお母さんは、応援し見守りつづけました。

七田：素敵なお母さんです！ 子どもの才能の芽が伸びるかどうかは、まさしく、お母さんに、そして、子どもを取り巻く環境にかかっています。

尾崎：さかなクンの子どものときの夢は、水産大学の先生になって、さかなを教えることだったそうですが、大学入試は落ちたのです。それが、さかな専門家となり……とうとう名誉博士号を授与され、東京海洋大学の客員准教授になって、夢は叶ったのです！

さかなクンは、教授になるために、努力・根性・忍耐・修業で、ハチマキしめて汗水たらしてがんばったのではなく、たったひとつのこと、さかなが大好きだったのです！

お母さんの教育はすばらしいですね。さかなクンは、そんなお母さんのもとで個性を花開かせて、結果として、魚を教える先生という夢を叶えたのです。大好きな魚について夢中で語るさかなクンは多くの人を魅了していますね。これはビジネスでもまったく同じです。

さあ、目指せ、さかなクン！　わっはっは!!

それってホンマなん？　真実なん？

長く不妊治療に取り組まれてきた方が当社のスクールに参加され、イメージングによって「妊娠しました」と喜びのご報告をいただく機会が多いです。

なかでも驚いたのは、17年間不妊治療を続けたのち、自然妊娠された方。なにがすごいって、48歳で初めての妊娠だったんです！　彼女は普通や常識の概念を覆し、多くの方に希望を与えました。

こうしてイメージ療法で妊娠される方が多いわけですが、以前、つぎのような生徒さんがいらっしゃいました。

イメージ療法で妊娠したと報告をいただいたので、全員の大拍手でお祝いしたところ、今度は「元気に生まれてきてくれるだろうか」と心配されているのです。

そう、彼女のように多くの人たちが、過去からやってくる未来についての恐れで苦しんでいます。今、目の前で起きている現実ではなく、しかも無意識に……。

「今から未来の心配や不安をイメージし、落ち込むぞ！」

そうやって意識しているのではもちろんなく、**勝手にやってくる無意識のイメージで苦しんでいる**のです。

反対に、無意識に笑っている人もいるんですよ。

そうです、当社のマネージャー島袋です。

「何を考えてたん」と聞いたら、「いいや、なんにも」と言う。

彼のように、未来の嬉しいことを考えて笑っている人もいるわけです。

どちらのタイプにもいえるのは、無意識に未来に行っているということ。今、この瞬間を生き、この現実を体験しているわけではないんですよね。無意識に未来に行っている点ではどっちもどっちですが、どうせなら、楽しいイメージを思い浮かべて笑っているほうが幸せですね。

問題はね、**未来をイメージした際に生じる感情――恐れや心配など――そのものよりも、そうした思考に振り回されている**ことです。

何も手につかず、ため息ばかり……。そんな苦しむ時間は数分の人もいれば、何時間、何日、何か月と長期にわたる人も。

そう、多くの苦しみの原因は目の前で起きていることではなく、誰かによって苦しめられていることでもありません。

私もよく自分に聞いたものです。

「どの思考、どの思い込み（イメージ）が自分を苦しめてるん？」と。

その思考から距離を置くこともできる。

無意識の思考に意識的に気づき、軸を「今、この瞬間、幸せ」に変えることだってできる。

無意識に振り回されてなるものか！　わっはっは!!

思い込み（イメージ）を見つけたら、笑ってこう言おう。


「それってホンマなん？

真実なん？

誰が決めたん？」

幸せと不幸の感情は同時に感じることができない

幸せな人と不幸な人――この違いはなんでしょうか。

それは、ただ一瞬一瞬、目の前の事象をどう捉えるか、という見方、視点の違いにすぎません。

幸せと不幸の感情は同時に感じることはできず、常にどちらか一方です。

どちらが正しい・間違いなんてジャッジは他人ができません。あくまでも、その人自身の捉え方です。

ひとつの事象が目の前で起きたとします。見方と選択によって感情は異なります。

愛と喜びを多く感じる人は、幸せを感じるでしょう。

恐れと怒りを多く感じる人は、苦しみを感じるでしょう。

まだ神戸北野のセミナーハウス時代、ある事象に感謝していた男が一人――。

そうです、マネージャーのスマイリスト、島袋です（笑）。

その日、彼は早朝からセミナーハウスの大きな窓ガラスを掃除中、脚立のいちばん上から落ちて、鼻を３か所骨折し、さらに目の上を切って縫うこと10針！

しかも彼が可愛がり、名前をつけて育てていた観葉植物のはなちゃんの上に落ちたのですが……彼が放ったひと言。

「はなちゃんが助けてくれたんや。ちょっと間違えたら、目や頭やったかもしれん。よかった～」

そう言って、はなちゃんに感謝と自分の顔に大笑い。

幸せな人やな～と思いながら……よく見ると、わし鼻が普通になっていて、思わず言いました。

「かっこよくなるかもよ。わっはっは!!」

ベネズエラに世界でもっとも稲妻が多い場所があります。ギネスにも登録されているそうで、なんと1秒に1回、稲妻が走るそうです。稲妻というと恐いイメージがありますが、その土地の人たちは「希望の光」と呼んで感謝しているんですね。

さらに雷も実際によく落ちるそうですが、その土地の人たち曰く、魚が驚いてよく捕れるとのこと。

1秒に1回稲妻が走り、雷もよく落ちる。いくらでも不幸に捉えられる事象ですが、視点が変わると感謝になるんですね。

目の前で起きている事象に意味があるのではありません。私たちは**それぞれの視点や主観で人生や世界を捉えているだけ**なのです。

もし、ずっと苦しみを感じるのなら、一度、幸せそうな人に聞いてみるといいですね。

「あなたなら、(私が悩んでいる)この事象をどんな視点で捉えますか」と。

思ってもいない答えが返ってくれば、きっと楽になるでしょう。**自分の思考のパ**

ターンから解放されるからです。掃除好きのマネージャーと、はなちゃんに感謝して……。

〝万が一〟ってほとんど妄想。悩む時間がもったいない

私がお伝えしている言葉はひとつですが、それを受け取る皆さんのフィルターは異なります。誰一人、同じフィルターは持っていません。仮に100人の方がいれば、100種類のフィルターがあり、認識や気づきも100とおりあることになります。どの方の認識や気づきにも正解や間違いはありませんが、自分のブロックに気づき、今後の行動をどう変えるのかを明確にされる方も多いです。

たとえば以前、「現実を生きるという意味がわかった」と答えられた方がいました。**「現実を生きる」とは、今この瞬間、肉体の中にしっかりとつながり、五感を体験するということです。**

すでにお伝えしてきたように、私たちは多くの時間を過去と未来の妄想の中で生きています。

今、健康であるにもかかわらず、病気にならないか妄想する。

今、生活できているのに、「将来お金が足りなくなったら……」と妄想する。

今、子どもが受験勉強に励んでいるとき、「万が一受験に失敗したら……」と妄想する。

今、夫婦仲良くしているのに、「万が一浮気したら……」と妄想する。

今、食事中に、昨日終わった夫婦喧嘩を思い出して腹が立つ。


はい。どれも、まだ起きていない未来や過去の妄想ですね。多くの人が現実ではなく、未来や過去の妄想、記録に振り回されて「ああでもない、こうでもない」と悩んだり、苦しんだりしているのです。

こういう話をすると、「イメージトレーニングは未来のことを考えるのでは」と思われる方もいるでしょう。

もちろん、イメージトレーニングは未来についてなので、今、この瞬間にはいません。

だから意識しておこない、時間を決めるのです。

たとえば未来の夢や目標の感動をイメージし、喜びを感じる時間は1時間と決める。

あとは肉体としっかりとつながり、現実を体験する。

これが100％できれば悟りの境地ですけどね（笑）。わっはっは!!

昔、私が参加したヒーリングワークで、ある質問をした人がいました。

「万が一、こうなったらどうすればいいんでしょうか」と。

恩師のセリフに感動したのを覚えています。

「それって、今、考えなければいけないことですか」

そうです。**「万が一」ってほとんど妄想**です。妄想で落ち込むほどもったいない時間ってないですね。これを私は「無意識イメージトレーニング」とよんでいます。本来のイメージトレーニングは意識的におこなうものです。

ただし、危機を察知しているときは別ですよ。

たとえばイタリア旅行中、みんなに「ローマではスリが多いのでカバンはしっかり前で持つように」と伝えました。これは危機を察知してのことですね。

私は「これって今、考えなければいけないこと？」と常にチェックし、地に足をつけ、今この現実に戻るようにしています。

ちなみによく妄想しているマネージャーの島袋は、いつも本当にニコニコと一人で笑っています。今を生きてはいないけれど……まあ、まだましかな〜。わっはっは!!

直観に身をゆだねて生きる

アメーバブログを書いていると、数年前の記事がよく表示されます。

２０２０年1月28日にブログを書いているとき、ちょうど3年前、２０１７年1月28日のブログが表示されました。

それは、以前の神戸北野セミナーハウスの最終授業の日のブログでした。

淡路のホピヴィレッジと、神戸北野の高級外国人ハウス。その日を最後に、二つのセミナーハウスで開催していたのを淡路だけに絞ったのです。

誰しも人生には大きな選択ってありますよね。


どの学校に入学するのか？

どの会社に就職するのか？

結婚を誰とするのか、しないのか？

どこに住むのか？

家を買うのか、買わないのか？

子どもを望むのか、夫婦二人を選択するのか？

会社を辞めるのか、続けるのか、転職するのか？

離婚するのか、しないのか？


私自身は、人生でもっとも難しかった大きな選択が二つあります。

一つは、当時四つの会社を持ち、年商5億円もある絶好調な状態からすべての会社を手放し、収入ゼロになりながらも勉強を目的に渡米したとき。

当時はとても不思議な感覚に陥り、インスピレーションが何度もやってきました。

「無限の可能性がある。ここで止まるな！」と。

「もう幸せだし、このままでいいんじゃないの？」と頭では思うのですが、「新たなチャレンジをせよ」と直観が何度もやってくるんです。

結果、直観を信じ、華やかな美容業界からセラピスト人生に転換することになりました。

そしてもう一つが、神戸のセミナーハウスを引き払い、淡路のホピヴィレッジ一拠点への移行を選択したときでした。

うまくいっていないものを手放すのは迷わないですね。即決です。**迷うのは、うまくいっているとき**なんです。インスピレーションに従うかどうか……と。

神戸北野のセミナーハウスは新神戸駅から徒歩圏内ですし、受講者さんが飛行機で来られても神戸空港からタクシーで近いし、三ノ宮駅からも徒歩圏内という好立地です。

さらに申込開始1分以内にすべてのクラスが満席になり、もっとも予約の取れないセミナー会社ともいわれている状態でした。

皆さんに喜ばれ、何の問題も見当たりません。

「神戸のセミナーハウスもこのまま続け、淡路のヒーリングハウスと両立で」

そうやって思っていたんです。

なのに、なのに、ですよ。

ハイアーセルフ（本来の自己／大いなる自己）から来るインスピレーションは「淡路に！」なんです。

「ちょっと待ってよ！」と何度もマインドの自我の声（笑）。わっはっは!!

そのとき、ホ・オポノポノのヒューレン博士との会話を思い出しました。

「サトミね。僕はフランスに行こうと思っていたのに、『日本に行きなさい』というインスピレーションを受けて日本に来たんだよ」「サトミは直観と記録の違いってどこでわかるんだい」

私の迷いは吹っ切れていました。

「そうね。直観に身をゆだねてみよう」と淡路一本に絞る選択をしたのです。

自我が降参した瞬間でした。

あるがままに生きる、ありのままに生きるとは、エゴのままに生きることではありません。**サレンダー、つまり直観に自然に身をゆだねて生きること**です。

２０１７年1月28日——みんなにお祝いをしてもらい、神戸北野での授業が終わりました。

そして今、ホピヴィレッジで4年目を迎え、心から思うこと。

それは「直観に従ってよかった」ということ。

この経験で私のヒーリングがさらにバージョンアップもしました。

難しい選択もあるでしょうが……やっぱり直観に従うのがいちばんですね。

今のバイブレーションが未来に受け取るエネルギー

畑を始めて3年。幸せって、なにも大きいことをするだけではないですね。

周りからみればなんでもないようなことかもしれないけれど、私にとっては小さなことがすごい幸せの日々です。

畑を始めた年にみんなで植えたトマトから種が落ちて、自然に２本発芽しました。

そのトマトからまた勝手に種が落ちて、翌年にはなんと39本も自然に発芽！　とっても嬉しかったです。

2年目の39本のトマトは1年目のトマトの孫ですね。ほんとすごい感動！　これこそ本当に〝自然〟栽培ですね（笑）。

第1章でお伝えしたホーリーバジルは、がん治療中の方にもご提供しています。
「クリーニング食を創るのは日本人」
10年前、ヒューレン博士のひと言から始まった野菜づくり。
その言葉を聞いたとき、
「潜在意識を癒す野菜か……つくってみたいな～」って思ったんです。
そして野菜づくりに日々、超ワクワクして取り組んでいたら……。
今や、ほとんどの野菜が市販品と比べて倍ぐらいの大きさに育っています。

小さな幸せが、さらに幸せを呼び込むんですね。
目の前の小さな幸せにフォーカスするといいね。
たくさん見つかるから。
すると、また幸せがやってきます。

今のバイブレーション、フォーカスが、この先の未来で自分が受け取るエネルギーです。

そう、「いつか幸せになろう」ではないんです。

いつか幸せではなく、今幸せでええやん！　わっはっは!!

今幸せだから、望む現実を手に入れられる

ここであらためて、本書のタイトルにもなっている「いつか幸せではなく、今幸せでええやん！」の意味をお伝えしておきましょう。

いつか幸せではなく、今幸せでええやん！

愛してるよ〜！　ALWAYS　ENJOY！

ブログの最後に、こうやって書きつづけてきました。

これらの言葉は昔、直観から受け取った「自動書記」のメッセージなんです。

最初はよくわかりませんでしたが、いろんな意味があります。

一つは、「幸せのエネルギー」（愛のバイブレーションとよんでいます）です。

イメージとしては、平和、感謝、至福、喜び、楽しみ、ワクワク、笑い、情熱、希望……といったエネルギーです。


病気にならないためにサプリメントをとる。

貧乏にならないために働く。

太らないためにダイエットをする。


これらはすべて、「恐れ」から手にしたいというエネルギーです。

でも、じつは逆なんですね。


今、幸せだから成幸するのです。

今、幸せだから望む現実を手にするのです。

今の現実がどうあれ……。

イマジネーションの力を使えば、今、幸せを体験できますね。これがイメージのすごいところです。

好きなことをイメージするだけで、エンドルフィンが27％も上がるとお伝えしました。これは脳科学の領域だけではありません。見えないエネルギーフィールドにも影響があります。

たとえばスクールでイメージチューニング（意識を拡大させる／変性意識）をおこなうときに起こる現象があります。幸せの愛のバイブレーションを呼び起こし、望む現実のイメージをし終わると、目を閉じて椅子に座ってイメージしているだけなのに、窓ガラスが熱気で曇るのです。皆さんびっくりされますが、イメージだけで気のエネルギーも変わるということですね。

会社でも、社員がほんのひととき、「幸せのエネルギー」を感じるだけでも能力が高まり、創造性が発揮され、業績が上がることがわかっています。

すばらしいリーダーたちはすでに理解し、実践されていますね。社員にお昼寝時間を設けたり、グーグルのように専属シェフがいたり、ディズニーのようにキャストがゲストになって遊ぶ日を設けたり……。

ではここで、ブログに書いていた「いつか幸せではなく、今幸せでええやん！」の意味を載せておきましょう。

「いつか幸せではなく、今幸せでええやん！」
言葉はひとつですが、いろんな意味があり、ねえやんのこんな思いが入っています。

①みんな「いつか幸せになろうね」ってよく言いますが、
ずっと言ってるよね（笑）、いつか、いつか、いつかって。
いったい、いつ幸せになるねん！　わっはっは!!
今、目の前に幸せはあるよ。探してごらん。

②今のバイブレーションが未来、現実化します。
いつか幸せということは、「今は不幸」って言っているのと同じね。
今が不幸なら未来も不幸と同調するだけよ！
今、幸せのバイブレーションはイマジネーションでつくられる。
今、幸せが、未来の幸せと同調！

③地に足をつけて今の現実をしっかり生きるグランディング！
過去の後悔、未来の心配に生きるのをやめて、
今、この瞬間を五感で感じ、今を笑って楽しく、能天気に幸せに。
今を生きる！

第3章

自分を信じる

他者を愛し、利他に生きる。
すべては自分を信じ、愛することから

他人に与えられる、もっともすばらしい貢献とは？

私は過去に、出逢った多くの恩師から同じようなことを学びました。

「他人にできるもっともすばらしい奉仕とは、
自分を大切に、自分を愛し、自分に喜びを与えること」
「どれほどすばらしい行動以上に、あなたが心豊かに、
愛の心でいるそのエネルギーや雰囲気が社会にもっとも貢献する」
「自分を犠牲にすばらしいことをしても、
やがて周りの人たちも自分を犠牲にするようになる」
「自分の価値は他人の評価ではなく、自分が信じる自己価値の評価が外側に反映する」
「すべては自分の内側にある。
あなたはそれを信じたとおりの自己価値の人生を証明するだろう」

私の恩師はほぼ外国人ですが、ほとんど同じ教えなんですね。

たとえば三つ目は自己犠牲についてです。母親が自分を犠牲にしながら子どもを育てたとします。子どもは、もちろん感謝はしますが、やはりお母さんには幸せに笑っていてほしいですよね。

でもね、こうして育てられると、子どもはいざ自分が親になったとき、自分もお母さんと同じように自身を犠牲にします。日本は犠牲の愛が美学だったのです。

こんな会社もあります。暗黙の了解で、上司よりいい車に乗ってはいけないそうです。そしたら何？　新入社員は軽トラしかダメなの？

そんな不文律を取り払い、上司が好きな車に乗ると、部下も自分の好きな車に乗れるようになるよね。これからは、自分も他人も幸せに！　ですね。

こういう内容をお伝えすると、

「自分を愛し、大切にするってどういうことですか」

という質問を受けます。答えはとってもシンプルです。

基本は、**「気持ちいいな～」と思うことを自分に与えてあげること**。

私はよく岩盤浴や温泉に行きますよ。大好きなんです。

ほかにも……

好きな本を読む。
家族や友人と遊ぶ。
ワクワクするサプライズをする。
嫌なことは正直に「ノー」と言う。
旅行に行く。
好きな音楽を聴く。
友人と食事する。
ケーキなどのお菓子をつくる。
絵を描く。
踊りまくる（笑）。
ジムに行く。
瞑想する。
自然の中で過ごす。

映画を観に行く。

趣味を仕事にする。

気持ちがよいと思う時間に仕事をする。

感謝状を書く。

メールや電話を1日やめる。

自分や家族にプレゼントを贈る。


などなど、人によってさまざまですね。

これが自分を愛するということ。

自分に大好きなことをさせてあげるということ。

そんな自分を許すということ。

自分にとって気持ちがいいことって何かな？　そう考えると、きっとたくさんあるはず。**「能天気」は「脳天気」とも書きます。つまり「脳がお天気（晴れ）」**ということ（笑）。また、**「気楽」とは「エネルギーが楽しい」**ということでもあります。能天気に、そして気楽に自分を愛するのが大切ですね！

自分に与えられた役割こそが才能である

「貢献」と聞くとボランティアを思い浮かべる人も多いかもしれませんが、ボランティアだけが貢献ではありませんね。それぞれの役割です。

たとえば専業主婦の皆さんは、働くご主人や学校で学ぶお子さんに心を込めて食事をつくられていることでしょう。それがご主人やお子さんに元気を与え、結果として多くの人に喜びが広がり、社会に貢献することにつながります。

もちろん、自分を愛し、自分が幸せになることもね。すると周りの人も幸せになり、貢献できるのです。

仕事もすべて社会貢献ですね。

たとえば起業家のリーダーたちは、大きなお金を動かして社会を大きく変えることができるでしょう。それが起業家の役割であり、貢献ですね。

起業家や経営者だけでなく、たとえば学校の先生は子どもたちの幸せを考え、お医者さんや代替療法家は心とからだを治したり、癒したりして社会に貢献しています。

そのほか、ものを売る人、ものをつくる人、ものを運ぶ人、歌をうたう人、アーティスト、動物の病気を治す人……すべての職業が社会に貢献しています。

つまり自分ができること、好きなことで貢献できることはたくさんあり、それぞれの役割があるんです。そしてその**役割こそが才能であり、みんな価値のある存在**だということです。

自分に与えることは、他人に与えることになる。
他人に与えることは、自分に与えることになる。

自分の役割は人それぞれ。まずは自分が好きなことを！

最幸のものを受け取るための方法とは？

通常、ビジネス書や自己啓発書の売り上げは新刊時の短期間に伸び、その後、数か月で落ち込んでしまうそうです。だから出版社は新刊時に広告を打ったり、ＳＮＳで宣伝したりして、売り上げの初速を上げるよう必死になるんですね。

ですが私の著作はお蔭さまで長くお買い求めいただいているようで、数年前の２０１６年末にもたまたまアマゾンを見たら『想像して創造する』（カナリアコミュニケーションズ／改定前）のキンドル版がアマゾンランキングで1位になっていてびっくりしました。２００７年発売の本ですから、当時の時点で約10年経った本です。多くの方の幸せへのきっかけになっていれば嬉しいです。

このように、本を通じてお役に立てるのはすばらしい経験ですが、やはり大事なのは、自分に最幸（もっとも幸せの意味を含みます）のものを与えること。つぎの言葉を読者の皆さんに贈ります。

「あなたは最幸のものを受け取るにふさわしい人間です」

これは地球上のすべての人が対象です。まぎれもなく、これが真実です。

もし、この考えに反発があるのなら、どのような思い込み、信念体系が邪魔をしているのか、向き合ってみてくださいね。もう一度言います。

「あなたは最幸のものを受け取るにふさわしい人間です」

たとえばお客様を自宅に迎え入れるとき、より良いおもてなしができるよう意識するはずです。お部屋を掃除し、お花を飾ったり、すてきな器に手料理を盛りつけたり。お客様はあなたから最幸のものを受け取ることでしょう。

日本人はお客様用の食器と普段使いの食器を分けたりしますね。

でもね、自分に問いかけてみてほしいのです。

「自分には最幸の体験をする価値がないと思う？」って。

どうぞ、自分にも最幸のおもてなしをしてあげましょう。

掃除が行き届いたきれいなお部屋で、大好きな家具や、大好きなオブジェに囲まれて過ごす時間。お花を飾ったり、自分好みのアロマをたいたりする豊かな時間を自分に過ごさせてあげてください。

そしてお客様だけではなく、自分にも最幸の食器で、大好きな料理で自分をもてなしてあげてくださいね。

すると、あなたは最幸のものを受け取ることになるでしょう。

何度でも言いますよ。

「あなたは最幸のものを受け取るにふさわしい人間です」

どうでしょう。その気になってきたでしょうか（笑）。

自分を愛するとは、自分に最幸のものを与えるということ。大好きなこと、気持ちいいなと思うことを自分にさせてあげたり、大好きな人やものに囲まれたりするということ。

そうやってあなたが自分を愛し、自分の価値を認めたとき、他者もあなたを愛し、価値のある人として扱ってくれることでしょう。

自分らしい時間の使い方をクリエイトする

昔の私は毎日3クラスで12時間労働をしていました。多くの人に伝えたかったのと、すべての出逢いが楽しかったからです。月間にすると70クラス以上。年間800以上のセミナー数でした。

美容師時代には朝5時から早朝レッスンをおこない、仕事後も夜中の12時までレッスンをしていた私にとっては当たり前であり、何の疑いもなく普通の仕事量でした。お盆や正月、クリスマスなどは、美容師にとってはもっとも忙しい時期ですし、そうしたイベントは無縁も当然。完全に職人気質の世界でした。

もちろん後悔はありませんよ。だって若いうちに自分のお店を持てたのですから。でも、ヒューレン博士から「サトミ、あなたはオーバーワークですよ」と指摘されて初めて気づきました。

それからは、**からだも心ももっとも気持ちのいい、いちばん輝ける理想の時間の使い方をクリエイトする**ようになりました。

「まずは仕事量を半分に減らそう」。そう考え、40人以下のグループセッションの依頼、夜のクラスの依頼の多くをお断りしました。

すると、仕事量は減ったのに、大人数のグループセッションの依頼が相次ぎ、結局、参加者の人数は増えていきました。多くの人に伝えたいというヴィジョンとご縁は、そのまま叶っていたのです。

空いた時間を使い、毎月一回、両親と旅行もできました（「ワクワクデー」とよんでいました）。それは母が他界するまで続き、幸せな時間でした。

趣味の時間もできました。陶芸や、畑を始める時間もできました。ヒーリング大学で教えられたお昼寝もやってみました。

そして、大好きな旅行です。問題は、長期休みをどうするか……でした。

でもね、たいていの場合、**休めないのは心の問題**なんですね。長く休むと、悪いなと感じてしまう。日本人に多い思い込みです。そんな過去の習慣や思い込みから自分を解放するため、最初は10日間の休みをとって旅行してみました。

すると……「休めるやん！」　わっはっは‼

その後、ヨーロッパを旅行するようになり、ヨーロッパの人たちは夏季休暇があることを知り、とってもワクワク！

「子どもだけじゃなく、大人だって夏休みがあってもいいやん！」と。

そしてとうとう数年前から年に二回、1か月まるまる休んで世界各地に旅行に行くことにしたんです。夢は着々と叶っていくのでした。

こうしていろいろと試してみて、もっとも自分が輝く人生の時間の使い方がわかってきました。もちろん、その方法はみんな違うでしょうし、そもそも違っていていいんです。正しい人生なんてないし、何を幸せに感じるのかもみんな違います。自分の人生があるだけです。

少なくともいえるのは、必要以上のノルマを自分に与えたり、オーバーワークをしたりする人の心には「罪悪感」があるということ。**無意識に自分を罰しているん**です。

心当たりがあれば、自分の感情、思い込みと向き合ってみてくださいね。

それはワクワクとした喜びなのか(=愛)。

それとも罪悪感なのか。お金に対する執着なのか(=恐れ)。

私の場合、仕事量を減らした結果、ヒーリングのエネルギーのレベルも進化していきました。とはいっても、仕事量が少なくなったわけではないんですよ。絶妙なバランスなんです。

ところで以前、好きなことだけやって生きる考え方をどう勘違いしたのか、突然、仕事を辞めて本当に好きなことをした結果、お金がなくなってしまい、生活苦に陥っている若い人が増えていると聞きました。これを「ヴィジョン難民」とよぶらしいです。

実際、東京講演会の懇親会で一人の若者がやってきて、こんな質問をされました。「好きなことをするために、仕事を辞めてヒッチハイクをしているのですが、お金が減っていってしまいます。好きなヴィジョンを生きているのになぜでしょうか」

すっと理解できました。ああ、これがヴィジョン難民君かと（笑）。

「それはヴィジョンに生きているのではなく、ただの旅行！　仕事をせずに旅行をすればお金は減っていくのは当然だよね」

そうやって仕事の貢献と遊びについて話をしていると、若者が集まってきて真剣に聞いていました。とてもピュアな若者たちでした。

「お金はね。他人に貢献した対価として受け取るもの。人のために動くことが大事。ヒッチハイクは誰かに貢献してる？」「遊びは自分のためだよ。バランスが大切だね」

――そんなお話をしました。今だったらユーチューバーを勧めたかも？

すでにお伝えしたように、自分に最幸のものを与えるのはもちろん大切。

でもね、遊びも他者貢献も幸せなことですが、やはりバランスは必要ですね。

大事なのは、**誰もが自分の輝く人生を自由にクリエイトできること。**

だからこそ最幸の人生をイメージしてくださいね。そしてまずは行動してみること！

まずは、自分を許すことから

スクールや講演会などで自著にサインを書かせていただく機会が多いです。

その際、多くの方から「書いてほしい」と求められるのが、ねえやん語録の「ええやん！」。

自分を許すとき、恐れからの解放のときに使う言葉「ええやん！」。

この許しの感情レベルには三つの段階があります。

第1段階　自分を許すこと

第2段階　他人を許すこと

第3段階　さらに深いところでの許し（がん治療など）

まずは自分を許すところからです。過去に人を傷つけてしまったことがあるかもしれません。うそをついてしまったこともあるかもしれません。子どもとの関係から夫婦関係、職場や友だちとの関係まで、あらゆる人間関係において、誰しも一度や二度の過ちはあるものです。

でもね、過去は過去です。そのときは、きっとそれがベストだと思ってやったことでしょう。**自己攻撃をやめることは、自分を許すこと。自分に許可を与える**ともいえます。

過去の記録がよみがえり、無意識に自己攻撃をしようとしたり、罪悪感を覚えてしまいそうになったりしても、それをはねつけるのではなく、「ええやん！」と自分を許すところから始めてください。

はねつけようとするほど、その感情は強くなります。恐れと闘うほど、それが現実化するんです。

だから**恐れの感情、望んでいない感情が来たら、「ええやん！」と受け入れて、望む方向に感情を向ける**——これこそが、私自身が苦労して見つけた方法です。

望んでいないものを受け入れて、望んでいるほうに行く——自分を許し、つぎの感情レベルに進むのが幸せへの道ですね。

与えたエネルギーがお金として返ってくる

経営者の方からよくいただく質問は、やはりビジネスとお金についてです。

多くの経営者は「どうやって集客し、どうやって利益を上げるのか」にフォーカスされています。もちろん必要なことですが、私は真逆です。相手からもらうほうではなく、**与えるほう、出すほうにエネルギーを向けるのが先**です。

友人の講師からも、「ねえやんからお金の支払い方を学んだ」とよく言われるほどに。たとえ友人であっても、講師としての出演料はいっさいカットしないからです。

たとえば友人から提示されたギャラがあまりにも安いので、5倍の金額を感謝の気持ちで支払ってびっくりされたことも。

支払いを遅らせる人は、入ってくるエネルギーも遅れます。当社では、請求書が来た日に支払います。以前の神戸オフィスは新築当時、おそらく神戸でいちばんといえるほど高額な家賃でしたが、1年分を年末に全額支払っていました。早く支払われて嫌がる人は一人もいませんから。ただ喜ばれるだけです。

そして自分が大好きなことにお金を使います。だから旅行費用はすごいです。旅行に行くたびに大量のお土産を買うのでそのお金も。

このように、常に出すほう、与えるほうに先にエネルギーを向けているのです。もちろん、これは私の在り方ですよ。正しい、間違いはありません。

参考にしてみようと思われたら、今、目の前にいる人、いちばん身近な人たちにまず与えてみてくださいね。喜んでいただけたら、口コミで勝手に広がるものです。

実際、私のスクールはオープン3か月目から毎月1500名以上の方々が、口コミだけで参加してくださっています。

今日のご縁、ただ目の前にいる人を大切に、喜びを与えていっているだけなんです。

その与えたエネルギーがお金として自然と返ってきて、受け取っているだけなんです。

過去から今を見る意識で、「どれだけ自分が成長したか」を見つめてみてください。誰でも成長しているのです。

逆に頭の中に理想があって、未来から今を見る人は、「まだまだやなあ」となってしまいます。

ちょっとしたフォーカスの違いですが、これが豊かさを生み出します。

宇宙の法則はとてもシンプル。

何度も言いますが、自分が出すエネルギーが、自分が受け取るエネルギーです。

……とまあ、こんなことを書いている私ですが、若いころは盗難、友人の保証人、お金を貸して返ってこなかったりと……数千万円の損失がありました（笑）。

そのおかげでお金について猛勉強し、自分の経験からマネーヒーリングというオリジナル授業ができたのです。

これまで、自分の成長のための本や勉強に使ってきたお金は数千万円。今は志高い人に投資したり、寄付をしたりしています。こうして使うお金を「生き金」といいます。ただし、収入より多く使うのは「赤字」とよびますからね（笑）。わっはっは!!

集客で大切なこと。それは自分を愛し、目の前の人を大切にすること

前項に続き、「集客」についてもう少し踏み込んでみましょう。

というのも、つぎのようなご質問をよくいただくからです。

「お店を始めたけれど、どうやって集客すればいいかわかりません」

以前、七田厚さんとのコラボ講演中にこの質問を受けた際、七田さんは「まずはあなたが楽しむことです」と答えられていました。

そうですね。楽しんでいるところに人は集まりますね。

私は「まずはあなたが自分を愛するところから」と答えました。**自分を愛すると他人からも愛され、自分からほかの人を愛せる**ようにもなります。

左脳は正しいか、間違っているかという損得、知識で選択しますが、右脳は直観、ハートで選択します。だから右脳で選ぶといいよと。

お店を出したり、何か自分が新しいことを始めたりするとき、最初に来てくださるのは、友人たちなど過去にかかわってきた人たちのはずですよね。

当社の場合、最初のセミナー開催は40名。そのほとんどが友人たちでした。当時のセミナー料金は22万円と、現在のおよそ5倍。それでも「尾﨑さんがやるんだったら」と全員即決でした。今までのかかわり、関係性があるからです。

関係性や信頼は1日で築けるものではもちろんなく、長くかかわりながら少しずつ紡いでいくものです。私が今まで支援したり、助けたり、応援したり、喜びを与えたり……そうやって誠実にかかわってきた人たちばかりです。

私は思います。

何か新しいことを始めるとき、それを友人に伝えた瞬間、今までその人たちとどんなかかわり方をしてきたのかがすべてわかると。

当社でチャリティイベントをおこなうとすぐ満席になります。10年、20年とかかわってきた人たちがたくさん協力してくれます。1日でできた信頼ではないんです。

もちろん、友人たちがチャリティをすれば寄付をすることも多いです。

まずは、**今、かかわっている目の前の人を大切に！**

あなたが誰かを応援したら、自分も必ず応援されるときがくるでしょう。

もちろん、左脳で見返りを期待するのではなく、愛から！　です。

そして私の最強の言葉も……「愛してるよ～！」です。

なぜプロゴルファーはライバルのカップインを応援するのか？

自分がしてもらって嬉しいことを他人にも！　それを今度は自分が受け取るというのが豊かに生きる秘訣――これはビジネスに限りません。

たとえば人生やスポーツでも同様です。

成幸の秘訣は、他人を勝たせることなんです。

プロゴルファーの方が、他の選手のボールがカップに入るのをよく応援しますね。そうすることで自分の脳も活性化し、自身のプレーもよくなるのです。

潜在意識は「主語」がわかりません。誰に対して応援しているのかもわかりません。

だからこそ、他人に与えることは自分にも与えているのです。

私も読者の皆さんの成幸をイメージしながら……はい、大成幸！　わっはっは‼

がんばってるなと思ったら、「のんびりワン！」

経営者の方の悩み相談を受けていてよく思います。

私自身もそうでしたが、日本人は本当にがんばり屋さんだということです。すばらしい文化です。

世界各国の中でも労働時間が長く、努力、根性、忍耐、修業が美学。この真面目さゆえに、疲れてからだが悲鳴をあげてもがんばり、弱音も吐けず、そして弱い自分を責めてしまい……人間なんだから、弱いところもあって当たり前。

ある経営者は言いました。

「がんばらないようにがんばっています！」って。

やっぱりがんばっているんですね。わっはっは!!

がんばってるなと思ったら、力を抜いて深呼吸です。エネルギーチャージに、たまにはのんびり海外旅行もいいですよ。のんびりワン！

パターンを変えると、見える景色が変わる

私たちはふだん、同じパターンを無意識に選択しています。

たとえばセミナーなどに参加した際、いつも前に座る人もいれば、後ろに座る人もいます。電車に乗る際に端に座る人もいれば、真ん中に座る人も。いつも端っこの車両を選ぶ人もいますね。混雑を避けるのが目的の場合もあるでしょうが、多くの場合、無意識に選んでいるものです。

たまには**意識してパターンを変えてみるといいですよ。すると見える景色が変わり、新しい発見がある**かもしれません。

とくに苦手だと思い込んでいることが才能だとわかることも。何を隠そう、若いころの私がもっとも苦手だと思い込んでいたのが、「人前でしゃべること」だったのですから。

「えー、ほんまかいな!?」

私を知る人からは、そんな驚きの声が聞こえてきそう(笑)。

もちろん、最初はめちゃくちゃイメトレしましたよ。

でもね、**本当にやりたくないことは、苦手とも思わない**んですね。やりたいからこそ、「苦手」って思ったりもする。

読者の皆さんが苦手と思っているのはなんですか？

その苦手なことにチャレンジするのは、最初は勇気がいるかもしれません。

でも変わろうと思えば、変化しようと思えば、最初のわずかな勇気と行動で乗り切れるものです。


さらに**「欠点は才能！ 心の傷は才能！」**とも伝えてきました。

以前、学年ビリから慶應義塾大学に入学した『ビリギャル』という映画が話題になりましたね。

教え方や育て方、家族の信頼で人は本当に変わるんです。楽しんでいるとき、笑っているときの心の状態で潜在能力や遺伝子のスイッチが入ります。

日本の文化、教育の一つに「欠点を直すこと」があります。もちろん欠点を直してもよいのですが、あまりにも欠点にフォーカスされると本人は自分を愛せなくなりますね。

反対に、長所を伸ばしたり、褒められたりすることで本人は大きく成長します。「これをすると、こんな悪いことになってしまうぞ」という恐怖心を植えつける教育から、「これをすると、こんなによいことが起こるよ」というワクワクの愛の教育へ。長所と欠点は表裏一体、欠点を直せば長所もなくなってしまいます。欠点は才能であり、個性なんです！

無意識の防衛パターンから解放される〝魔法の言葉〟

心の傷がつくった恐れ。それによる思い込み――誰にでもあるものです。

ある背の高い男性が、過去に体型で心ない言葉をかけられる経験をしたとしましょう。以来、その彼は背の高い自分を誇るよりも、卑下するようになったのです。「背が高いですね」と言われると嫌みと感じ、ふたたび傷つかないよう防衛パターンが無意識に反応するようになりました。

このように、トラウマは偽りの自己をつくり出していきます。

無意識に反応する防衛パターンはさまざまです。
ネガティブエゴちゃんは、
あなたを価値のない人間だと思わそうとするかもしれません。
自分は愛されない人間だと思わそうとするかもしれません。
自分は欠けている人間だと思わそうとするかもしれません。
そんなときは、ネガティブエゴちゃんにこう言いましょう。

「あんた誰ですのん？　どちらはんでっか？　私は価値がありますけど！」

楽しみながら、遊びながら、ぜひどうぞ。
本当のあなたは価値のあるすばらしい存在。これが真実ですから。
しっかりグランディングし、自分の才能にフォーカスしてみてくださいね。

関西人の脳がもっとも活性化している!?

以前、デンマークからスクールに参加された方がいらっしゃいました。

私は北欧を1か月ほど旅したこともあり、デンマークも大好きな国のひとつだったので、北欧と日本の価値観の違いについて自然と話題が膨らんでいきました。

なかでもおもしろかったのが「恥」について。日本は「恥」の文化ですが、北欧には「恥」の概念自体がないと。

北欧だけではありません。世界中を旅行して思うのは、日本人の「恥」こそが、もっとも強いブロックかも？　ということです。

「これやりたいな～。でも恥ずかしいからやめておこう」

そう思った経験はありませんか。

昔、脳科学者の茂木健一郎先生が**「脳がもっとも活性化しているのは関西人。欠点をネタにする文化だから」**とおっしゃっていました。私も同感。関西人は、恥をかくより、笑いがとれたほうが嬉しいですから（笑）。

「これやりたいな〜。でも恥ずかしいしな〜」

そう思った読者の皆さん。

大丈夫。恥かいてもええやん！　命までもっていかれるわけじゃないから。

自分のハートに従って、やりたいことをやって、ALWAYS ENJOY！

愛のバイブレーションで集合意識を癒し、他者への癒しを

2011年の東日本大震災を機に始めることになった私のブログ。以降、災害が発生した際には現地に支援物資を送る活動をしてきました。

そのたびごとに、スクール参加者やブログ読者の皆さんから支援物資がたくさん届くのです。愛のメッセージを添えていただけることも多々あり、被災地の皆さんはきっと心が癒されたことでしょう。

私の自著のひとつに『ちっちゃいおっちゃん』（カナリアコミュニケーションズ）という本があります。ちっちゃいおっちゃんとは「潜在意識」のことですが、もっと心の深く意識が拡大された場所には、大きなおっちゃん（集合意識）と偉大なおっ

ちゃん（超意識）もいます。すべての人がつながっている意識があるということです。

ですから、

自分に与えることは他者にも与え、他者に与えることは自分にも与える。

自分を癒すことは他者を癒し、他者を癒すことは自分を癒す。

つまり深いところではみんなつながっているのです。

ヒーリングサイエンスの４年制単科大学に通っているときにも同じ教えがありました。

「自分が苦しんでいることがあれば、同じ苦しみをもっている人を助けなさい」と。

そうやって人を救うことも、自分を助けることになるのです。

毎年5月には、世界中から宗教家などが集まる「世界平和の祈り」というイベントがあります。私も何度かゲストで参加させてもらっていますが、そのゲスト席のすごいこと！　過去参加したときには宗教家はもとより経営者や映画監督、音楽家などゲストで約１００人、そして一般席には数万人規模の人たちが一堂に会しました。

この世界平和の祈りのイベントは周波数がもっとも高い祈りともいわれ、白鳥哲監督の映画『祈り～サムシンググレートとの対話～』でも撮影がおこなわれていました。世界の大学で研究されている「地球意識プロジェクト」の人類の集合意識のデータを見せていただいたとき、この世界平和の祈りのイベント時に人類の集合意識がもっとも癒されていたのです。

映画『祈り』の白鳥監督もおっしゃっています。

私たちの意識は振動しています。波動をもっていて周波数をもっています。その周波数はエネルギーとなり、遺伝子を変え、免疫物質や脳内化学物質に変容をもたらすのです。（〝祈り〟に込めた映画監督・白鳥哲の思い／にんげんクラブ）

祈りでなくてもいいですよ。周波数が高ければ。

ではどうすれば周波数が高くなるのか……たとえば**大好きなことや、ワクワクすることをして、愛のバイブレーションで過ごすこと**。自分だけでなく、集合意識が癒されて他者への癒しにもなります。

「ふわふわことば」「チクチクことば」で知る言葉の大切さ

多くの方がトラウマを抱えています。子ども時代に親から言われつづけた言葉だったり、友だちや恋人、夫婦の関係性から生じた問題だったり……人によってトラウマの原因はさまざまです。

真の自由とは、恐れや制限などの思い込みから解放されたときです。

トラウマ（無意識に生じるネガティブな衝動や防衛パターン）に気づき、意識できるようになれば、もっと自由に、もっと自分らしく生きられるようになるでしょう。

ところで、「意識」とはなんだと思いますか？

脳科学がどれだけ進歩しても、科学で立証されていないのが「意識」です。脳の中に「意識」はありませんからね。それでも、意識が脳の電気信号のどの神経を通っているのかはわかるようになってきました。

こんな実験がありました。

電磁波過敏症の男性に、携帯電話を耳に当ててもらいました。すると男性は、電磁波過敏症特有の痛みや頭痛を訴えたのです。事実、脳の痛みを処理する中枢をＭＲＩで分析すると、電気信号が走って活発になっていました。彼の痛みは真実であることが科学でたしかめられたのです。

ところが、じつはその携帯電話は偽物で、電磁波は出ていませんでした。その人の〝思い込み〟だったのです。つまり、意識を変えるだけで、脳の神経回路が変わるとの結果が出たわけです。

観念を変えるだけで脳の状態が変わる——子どもたちに脳を見せるわけにはいかないので（笑）、当社のスクールでは言葉のエネルギー実験を写真で見せています。

使う言葉を「**ふわふわことば**」と「**チクチクことば**」に分けて教えています。

ふわふわことば＝とってもうれしい言葉（ポジティブな言葉）のこと。
チクチクことば＝いや〜な言葉（ネガティブな言葉）のこと。

学校教育に「心のおべんきょう」を取り入れてもらうのが私の夢ですが、なんと卒業生たちが学校に講演に行くことで、心の教育が普及してきました。とくに「ふわふ

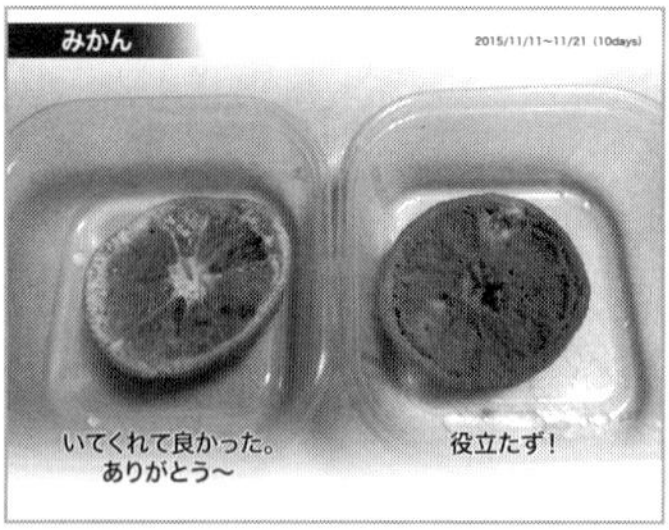
みかん
2015/11/11~11/21 (10days)
いてくれて良かった。
ありがとう～
役立たず！

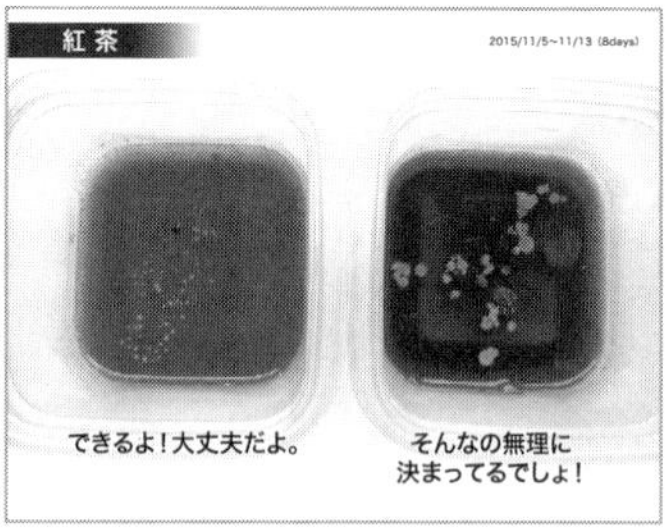
紅茶
2015/11/5~11/13 (8days)
できるよ！大丈夫だよ。
そんなの無理に
決まってるでしょ！

ユリ
2015/11/29~12/8 (9days)
ずっと、そばに
いていいよ
あっち、行って

一方に「ふわふわことば」を、もう一方に「チクチクことば」をかけつづけた言葉のエネルギー実験の結果。ふわふわことばをかけつづけたほうが、腐らずに長持ちしているのがわかります

わことば」と「チクチクことば」が小学校で広まり、授業でポジティブな言葉（ふわふわことば）を紙に書いて言葉の木を創ってくれていたり、当社でやっているのと同じような言葉のエネルギー実験をやってくれていたり。

　本書の編集者の高橋君の娘さんも小学校の夏休みの課題で実験に取り組んでくれました。子どもたちが言葉の大切さを知ってくれるのが嬉しいです。どうか大人の私たちも「ふわふわことば」を！

自分の心は自分のもの。誰にも奪われない

以前、病院にかかった際、医師からこのように言われた方がいました。

「これからどんどんひどくなっていくよ」

そのひと言を聞いて、なんと彼女は笑えたというのです。

「これか、里美ねえやんが言っていたのは！」と。

さすがです！　わっはっは!!

彼女は入院中、イメージチューニングをおこなう私のCDを持ち込んで毎日イメトレをし、ほとんど治って退院したそうです。

はい。周りのネガティブな言葉より、自分を信じることが大事ですね。

権力のある人の言葉は影響力が大きいです。学校の先生やお医者さん、子どもさんだったら両親の言葉、一発で信じます。

偽薬で効果を得られる「プラシーボ効果」をご存じでしょう。

ビタミン剤でも胃薬だと思って飲むと治ることがありますよね。ネガティブであ

れ、ポジティブであれ、思い込みがからだに影響するのです。

以前、経営者セミナーで相談を受けました。

「ある霊能者の先生にお会いし、息子がどんどん悪くなっていくと言われてしまって……。有名な先生なんだそうです」

この「有名」とか「よく当たる占いの先生」といった言葉を聞かされると、やがて「これは間違いない」と思い込んでしまうのです。

はい。何度でも言いますよ。

他人のネガティブな言葉より、自分を信じましょう。

霊能者より、ご自身の子どもさんを信じてあげましょうよ。

仮に、今の潜在意識のプログラミングを正確に読む人がいて、その内容がたとえネガティブだったとしても、それは過去のプログラミングです。未来を創っているのは、今のプログラミングです。なので今日、否定的な心のブロックを手放せば、未来は一瞬で変わります。

大丈夫、**自分の心は自分のもの**だから。**何を信じるかは、自分で選択できる**のです。

もちろん医師たちも悪いわけではありません。職業柄、最悪のことも伝えなければならない立場なのですから。それも理解しましょう。医師との信頼関係はとても大切です。

ただし、いたずらに恐怖心を煽る霊能者、占いの先生からは離れたほうがいいですね。

熟練されたプロであれば、そういうことは言わないものです。いわゆる霊感商法ですね。

私にも経験があります。25年以上も前、自分の人生のすべてが書いてある「アガスティアの葉」というのがインドにあると有名になりました。当時、私もインドまで偵察に行きました（笑）。

私に対するリーディングはこんな内容でした。

「あなたは30代で裁判し、ドロドロの離婚。40代で失明寸前の病気を患うが手術で治る。50代からは母の介護で一生過ごす。化粧品の会社を経営し、ビジネスを世界に広げ、お金には困りませんが……」

そして、きわめつけのひと言。

「このカルマを解消したければ600ドル」と(笑)。

私は自分を信じ、

「いえ結構です。カルマの解消なら自分でできますから」と。

600ドルは払わずに帰国しました。

その数年後、同じようにインドでリーディングした知り合いから電話があったのです。

「尾﨑さん、その後どう。あれってすごいよね。そのままや」って。

「え、信じたん？　リーディングどおりになってるんやったら、それはあなたが信じた思い込みが現実になってるだけやで。アホやな〜。わっはっは!!」

驚いた彼は私はどうなのか聞いてきたので、こう答えました。

「私？　そのとおりになんてまったくなってませんけど。だって自分の人生は自分次第やん」

彼は言葉を失っていましたが、私自身は「裁判沙汰のドロドロの離婚をする」と言われたときに「ありえへん」と思いました。だって裁判をするかどうかの選択は私にあるのですから。

その後、25年以上経った現在、失明もありませんし、母の介護も2週間ほど。母が他界する1か月前までいっしょに旅行もし、幸せな最期だったと思います。化粧品会社？　私はセラピストです（笑）。

ただ、ひとつだけ信じました。

「一生お金には困らない」というひと言だけは（笑）。わっはっは!!

このように、ポジティブであれ、ネガティブであれ、あなたが信じたことを証明するのです。

お釈迦様はおっしゃいました。「あなたは自分が信じたとおりのものである」――と。

伝えるときに心がけていること

講演会に出演すると後日、主催者さんから感想文をいただくことが多いです。

昨年、感想文で初めて笑ったコメントがありました。

「丁寧語じゃない感じが引き込まれました」って（笑）。

書いてくれたのは10代の方です。ありがとう！

アメリカの心理学者アルバート・メラビアンが提唱した「メラビアンの法則」によると、話し手が聞き手に与える影響は「言語情報」「聴覚情報」「視覚情報」の三つで構成されているとされます。それぞれの影響力は異なり、言語情報7％、聴覚情報38％、視覚情報55％。つまりブログや書籍では声のトーンやボディランゲージなどが伝えられず、7％のコミュニケーションしかないのです。

だからブログや本を書く際は読みやすさを重視していますが、声や身ぶり、手ぶりも使える講演会や授業では思いっきり関西弁！　全国どこでも、自分らしく、自分の言葉で、すべてアドリブで、自由にしゃべらせていただいております（笑）。

なので、私のブログや本を読んでスクールや講演会に参加された方は、イメージが違うと思われるかもしれません。コテコテの関西弁を話すジャズシンガーの綾戸智恵さんをイメージして来られたらちょうどです（笑）。

私の友人が初めて当社を受講したとき、こう呟きました。

「こんなセラピストがおってええんや……」

ええねんで～！　わっはっは!!

ただし、ひとつだけ心がけていることがあります。それは、うまくしゃべろうとはしないことです。

口先じゃなく、ハート、魂から言葉を発すること。

そのために等身大の自分でいること。

自分をさらけだすこと。

自分がオープンハートであること。

すると、**講師の私自身がフローな状態に入る**のです。ランナーズハイのような状態ですね。すると**参加者も同じような状態になるので脳が活性化し、癒される**のです。

講師が緊張すれば、参加者も同じようになるでしょう。

参加者がつまらなそうにしていたら、講師自身がつまらないのです。

自分が笑っていれば、周りの人たちも笑います。

自分が幸せだったら、周りの人たちも幸せになるでしょう。

だからこそ、自分を癒し、自分が幸せに！　そのままでええねん！

お経の言葉「利益安楽」に徳を学ぶ

幸せな人とは徳を積んでいる人——そのようにいわれます。
では「徳」とは何を意味するのでしょう。
兵庫県三田市の私の実家の近くに「鏑射寺《かぶらいじ》」という仏教（真言宗）のお寺がありま
す（お寺の住所は兵庫県神戸市北区）。このお寺の住職は、空海の生まれ変わりとい
われている中村大阿闍梨様。
中村大阿闍梨様は、徳を積むことについて「利益安楽《りえきあんらく》」という、仏教のお経の言葉
をこのようにおっしゃられています。

利益安楽：その人がいるだけで周りを幸せにし、楽しませること

仏教では、**「利益」とはお金を持っている、持っていないではなく、「徳を積んでいる人」と理解する**そうです。

また「経済」という言葉の由来もお経とのこと。

経済の「経」：お経の「経」であり「真理」を意味する
経済の「済」：「救う」を意味する

つまり本来、**「経済」とはすべての人が助かる世に貢献すること**なのです。

人に与えた結果、その対価として利益を手にする――私は無宗教ですが、伝えていることの根本は同じだと再確認しました。

ちなみに真言宗の開祖、空海もイメージが現実化することを説かれました。

お釈迦様が２５００年前に説き、今や定番の心理学として知られる「マズローの欲求５段階説」を多くの方はご存じだと思います。人間の欲求の５段階です。経営者のマーケティングでもよく使われていますね。自分や社員が今どの欲求を満たしたいのか。それを理解することも大切だからです。

【外的欲求】

- 1段階：生理的な欲求、生存の欲求、本能的な欲求。食べたい。寝たい。
- 2段階：達成、物質的な成功欲求。安全欲求。経済的安定。雨風しのぐ家に住みたい。衣食住の安全。健康の安定。
- 3段階：愛情と人間関係の欲求。所属欲求。社会的欲求。集団、仲間がほしい。

【内的欲求】

- 4段階：承認の欲求。尊厳欲求。自尊心を満たしたい。自信、価値がある自分でありたい。他者から認められ感謝されたい。内的心の欲求。仕事の達成感、賞賛。劣等感、無力感からの解放。
- 5段階：自己実現の欲求。自我を超え心の豊かさの欲求。自分の能力を最大限に、無限の可能性を発揮。創造性を発揮し、社会に貢献したい。自己成長。自己、他者、自然との受容。使命を果たす。

21世紀には、多くの人が5段階目の自己実現にたどり着くのではといわれています。

ちなみに、一般的にはマズローの欲求5段階説となっていますが、じつは、このあともう1段階先の6段階目の欲求が解かれました。それが、私が教えている「トランスパーソナル心理学」です。

● 6段階：自己超越の欲求。高次の意識。意識を拡大させ、自己より大きな意識とつながり、エゴを超越し、他者をも豊かにしたい。神秘体験。本来の自分とのつながり（ハイアーセルフ）。

自分はどの欲求を満たしたいのか。今の自分がどの段階なのか。あらためて向き合ってもいいかもしれませんね。

泥の中で咲く――蓮に学ぶこと

ホピヴィレッジの目の前には池があり、蓮の花が咲きます。

毎年、蓮の花を見るのが楽しみです。タイミングよく来られた際にはぜひご覧になってくださいね。

25年ほど前、波動研究をされている僧侶のもとに通い、2年ほど波動の数値を学ばせてもらいました。お花の中で波動がいちばん高いのが蓮の花だったのです。お釈迦様が座られているのは蓮の花をかたどった蓮華座という台ですし、極楽浄土の池に咲くのも蓮の花です。

蓮の花言葉は「神聖」「清らかな心」。蓮の花には徳があるといわれ、「**汚《お》泥《でい》不《ふ》染《せん》の徳**」という言葉もあります。

蓮の花は泥の中に咲きますが、泥にはけっして染まらず、清らかで美しい花を咲かせます。世間ではいろいろなことがありますが、**泥に染まらず、人間も美しい花を咲かせられる**という意味だそうです。

さらに蓮の花は、泥が汚ければ汚いほどきれいな花が咲くとのこと。お釈迦様は、悲しみや困難を乗り越えて初めて、美しい花を咲かせ、悟ることができると伝えたかったのかもしれませんね。

蓮の花は特別で、虫たちの力を借りずに同時に花を咲かせます。花と同時に実ができることをたとえて、「**発心即到**《ほっしんそくとう》」という言葉もあります。

発心すれば、すなわち到る――発心とは、悟りを得ようと心を起こすこと。やってみようと思い立ち、行動すれば、その思いは至る（実現する）といった意味でしょうか。思い立ったら即行動――これが夢実現の道かもしれませんね。

この世のすべては同じ波動で引き合っている

仏教のお話が続いたので、もう少し。

以前、京都講演の際に京都の僧侶が参加してくださっていて、終わったあとに「久しぶりに河合隼雄先生を思い出しました」と言われて恐縮したことがありました。河合先生をご存じの方に心理学を教えるなんて、と唖然としました。

その僧侶の方には2回目の京都講演の際にもご参加いただき、終わったあとに本をくださったのです。

お寺で河合先生がカウンセリングをされた貴重な本（『四天王寺カウンセリング講座（全10巻）』／創元社）でした。

「もうね、残っていなくて。これが最後の本なので、あなたに……」と。

河合隼雄先生といえば、集合意識を発見した「ユング心理学」を日本に伝えた第一人者ですね。僧侶の方からいただいた本は、今や私の宝物です。

ユングは、人間の心には「意識」「個人的無意識」「集合的無意識」の三つの層があるとし、「人間はすべてつながっている」「すべてはひとつからできている」と説きました。

心理学も、仏教も同じなんですね。さらに神道も、すべてのものに神が宿ると教えています。

集合意識を今風に捉えれば、世界中の人たちがつながるフェイスブックのようなものかもしれません。

アメリカでこんな科学実験がありました。

ある人がキャベツを切ったあと、その包丁を隠し、いろんな人がキャベツの前に立ったそうです。すると、そのキャベツを切った人が前に立ったときにだけ、計測器が反応したというのです。野菜にも記憶がある、そんな実験結果が出たわけです。

人間だけでなく、野菜と自分もつながっているということですね。

この世にあるすべてのものは振動し、固有の波動をもっています。だから同じ波動で引き合うのです。「ブーメランの法則」「引き寄せの法則」「原因と結果の法則」などいろんな呼び方がありますね。仏教では「因果」といいます。

すべてのご縁に偶然はなし。自分が出したエネルギーが、自分が受け取るエネルギー。与えれば与えられる――これが「豊かさの法則」ですね。

心が変われば、行動が変わり、結果、喜びが！　今日一日、人にやさしく、笑顔でね。

思い込みから解放されるとイメージが変わる

日本の男子陸上界では、１００メートルで10秒の壁をなかなか切れませんでした。ところが２０１７年に桐生祥秀選手が9秒98を出したと思ったら……サニブラウン・

アブデル・ハキーム選手が２０１９年に９秒97を、同じく２０１９年に小池祐貴選手が９秒98を出しました。

思い込みから解放されるとみんなのイメージが変わるのですね。

「自分もできるのではないか……」

１００メートルで10秒を次々と切る人が現れたのは、そうやって可能性をみる人が増えたからでしょう。

「やったところでどうせ……」と思い込むのではなく、「自分にもできる」となんでもやってみるのが大事ですね。やってみるからこそ、仮に自分には向いていなくても、その〝向いていない〟ということがわかるんです。自分に合っているのがわかれば突き詰めればいいね。

教育であれスポーツであれ、どんなことでもそうですが、このやり方がいちばん正しいなんて方法は存在しません。方法は多々あるはず。

たとえば登校拒否のお子さんがいらっしゃっても、学校に行くのがいいとか悪いとか、どちらが正しいなんていえないですね。そもそも学校に行く、行かないよりも、**問題は心の状態**です。子どもだけでなく、親の心も……。

エジソンは小学生で登校拒否になりました。結局、小学校には3か月しか通っていないそうです。それでもたくさんの発明をおこない、社会に多大な貢献をされました。

エジソンの偉業の裏には親の影響があります。エジソンは学校には行きませんでしたが、勉強は好きだったので、親が図書館に連れていきました。すると片っ端から本を読みだしたのです。親は、耳の悪いエジソンに「それがあなたの才能」と励ましました。だから蓄音機を発明できたのです。

先にも触れたように、欠点だと思っていることが、じつは才能だったりするんですね。

傷つくのも悪いことではありません。失敗だってたくさんしたらいいと思う。エジソンも電球を発明するまで1万回も失敗したそうですが、「失敗ではない。うまくいかない方法を1万とおり発見しただけだ」と語ったというのは有名ですね。

問題は、失敗することではなく、**傷つくことで恐れができ、二度と傷つきたくないと防衛すること**です。

過去から学んで成長することだって可能です。

その過去の学びを成長の糧にするか、防御の理由にするか。

愛と恐れ。この二つの選択があるだけです。

でもね、これすら正しい、間違いがあるわけじゃないんです。

ただ、恐れは苦しみをともない、情熱は喜びをともなう。

そこにはただ体験があるだけです。

幸せと不幸は同時に体験できません。常に選択があるだけ。そして選択は常に自由です。

知らずに無意識に防衛するのと、心を知って選択するのとではまったく違います。

自己愛とは、受け取ること

誰かに頼みごとをしたり、何かをやってもらったりするのが苦手な人がいます。

ほかの人にやってもらうくらいなら、自分がやったほうが気が楽でいい、なんだか相手に悪い気がする……と。

同じように、ものをもらうのを遠慮してしまう人もいますね。あるいはきちんと仕事をして相手は喜んでくれているのに、相応の料金を請求できない人も。そんなに請求するのはなんだか悪い気がする……と。

でもね、**自己愛とは受け取ることでもある**んです。**自己愛が認められると、受け取ることを拒みません。**

お金であれ、ものであれ……もちろん豊かさは物質だけではありませんが、自分の中にある罪悪感や葛藤、抵抗の分離がなければ、何でも受け取れるでしょう。

ただし、「不足しているところから何かを望む」という意識からは受け取れません。

喜びから、望むものに意識を向けてみてくださいね。

自分を愛するとは、自分に愛を与えてあげることですから。

直観こそ、真実の道

2017年の年末、すべての仕事が終了した私は『陸王』のドラマの最終回を見て号泣していました（笑）。「半沢直樹」でも有名な小説家、池井戸潤さん原作の小説を描いたテレビドラマで、老舗の足袋製造業者がランニングシューズの開発に挑戦する奮闘が描かれていました。

ランニングシューズの開発には技術やノウハウだけでなく、大きな資金も必要なんですね。さらにトップ選手に自社のシューズを履いてもらうのも簡単ではありません。国内外にはランニングシューズの一流メーカーが複数ありますから。そこに資本力に乏しく、ブランド力も皆無の小さな会社が挑んでいくわけです。

私がいちばん感動したのは、チームの監督と選手のきずな。こうした挑戦はドラマの世界だけでなく、多くの人が体験していることでしょう。

成幸する人。成幸しない人——すべては心の法則によって現実化しているといっても過言ではないですね。この世にあるすべてのものは、誰かの思いやイメージ、心からスタートするからです。

すべてのものには固有の波動があります。すべてのものに思いが宿っているんです。人やモノとの出逢いに偶然はありません。自分と同じ周波数で出逢うので、仕事をいやいやすれば、いやいや仕事をしてつくった商品を受け取るでしょうし、心を込めて仕事をしている人は、心を込めた商品と出逢うでしょう。

その思いに共感する人と出逢い、お互いを信頼して動く。行動の源は常に「心」です。

そこには常に選択があります。

直観か記憶の再生か――直観の選択はハートです。ワクワク感じますよね。直観はハイアーセルフからのメッセージなので、喜びにもとづいているのです。

一方、「損か得か」「よい悪い」「正しい間違い」といった2元性の選択は直観ではありません。エゴは自分が生き残る選択をしようとするのですが、**直観こそ真実の道**なのです。

また、応援される人は、応援する人でもありますね。

私自身、イメージトレーニングを教えていることから、アスリートの方たちとのご縁も少なくありません。

アスリートという勝負の世界。**夢が叶うのは、応援する人の思いもあってこそ**です。

今、あなたが誰かに応援されているのなら、あなたも誰かを応援しているでしょう。

自分の人脈は自分の鏡。会社は社長の鏡――。

損得が浮かんだら一度手放し、喜びから選択してみてくださいね。

きっと応援される人になるでしょう！

自分を愛すると、他者の中にも愛が見える

第2章でもお伝えしたように、私たちは外側の世界を「目」で見ているのではありません。「心」にあるもので外側の世界を認識します。

たとえば探し物をしているとき、「ない」という心で探したとします。すると、仮に目的のものが目の前にあり、それを目でしっかり見ていたとしても、実際には認識できません。「ない」という心によって、脳が視覚情報をカットするからです。

だから**同じ情報に接していても、心によって、人によって、見えるものは変わります**。色もこの世には存在せず、同じものを見ていても、同じ色には見えていません。

私自身は畑を始めて以降、車で走っていても、見えるのは畑、畑、畑……やけに野菜が見えてしまう（笑）。わっはっは!!

自分が畑をするまでは、心は畑にありません。だから目で畑を見たとしても、野菜は見えていませんでした。それが今や、「これキャベツ?」「これってブロッコリー?」ってね。チャンスも、こうして見えるのですね。

自分を愛すると、他者の中にも愛が見えます。

自分を否定すると、他者の中にも批判するところが見えてしまいます。

他人の中、外側の世界に、自分の内側を見るのです。


でも当の本人は、他者から影響を受けているように感じます。本当は自分が発するバイブレーションを受け取っているわけですが……。

だからこそ、自分が望むものにフォーカスを。

もちろん、人間ですから無意識に心配するときもあって当然。そのときは、**グランディングして自分の肉体ともう一度つながり、望むほうにフォーカスを変えるだけで大丈夫**。

望むチャンスがたくさん見えてきたら、自分の心が癒されたということですね！

自分で選択してこそ、自分の人生を生きていける

人間の行動の源は、心のイメージ、思い込みです。

心が変われば、思考が変わり、言葉が変わり、選択が変わり、行動が変わり……結果として、人生は好転するでしょう。

反対に、行動を止めている源も、心のイメージ、思い込み、信念体系です。

行動の源は、情熱、喜び、感謝、楽しみ。

行動を止めているのは、恐れ。

どちらも感情です。すなわち、**感情が現実化している**のです。

以前、スクールで拒絶されるのを恐れている人がいました。

「二人でコンビを組んでください」と言うと、拒絶されるのを恐れていた二人だけ、誰にも声をかけられずに残りました。自分から声をかけて断られるのが恐いので、誰かに声をかけてもらうのを待つしかないのです。

これが結婚相手やビジネスパートナー、友人を選ぶときだったらどうでしょう。

自分は誰といっしょに人生を過ごしたいのか。**選択して初めて、自分らしく、自分の人生を幸せに生きていける**のです。

拒絶されて傷つくくらいなら、自分から声をかけないほうがいい。

こうして私たちの心は無意識に、瞬時に防衛します。

そして防衛すればするほどに、その恐れは、無意識に思い描いている望まないイメージのとおり、現実化してしまうのです。問題は無自覚ということです。

かくいう私自身にも昔、同じ恐れがありました。だから声をかけられなかった人の気持ちが痛いほどよくわかるんです。自分から声をかけない限り、拒絶されることはありませんからね。

これは虐待のトラウマをもっている人に多い防衛パターンです。私にも虐待のトラウマがあり、無価値観からくる「どうせ私は拒絶されるに違いない・愛されない」という思い込みが、自分が拒絶するという防衛パターンをつくり出していました。

30年ほど前に受けたトレーニングで同じようなシチュエーションになり、私も最初、誰にも声をかけられませんでした。誰かが声をかけてくれることを待っていました。

そのとき、自分の防衛パターンを嫌というほど見ました。防衛にはいろんなパターンがありますが、大きく分けるとトラウマは五つあり、防衛パターンも五パターンに分類されます。勇気は必要でしたが、防衛をやめて、心と行動を変えました。（このワークだけは、誰といっしょにしたいのかを自分で選択しよう！）と――。

断られたっていい！　チャレンジしよう！　そうやって勇気を出し、「いっしょに組んでもらえませんか」と思い切って声をかけたのです。

初めて自分からパートナーを選んだ瞬間です。すると、拒絶への恐れからワクワクに変わりました。お相手の方が、私の申し出を喜んで受けてくれたのです。

ちなみにそのワークとは、「信頼の歩行」というものでした。目隠しして、相手のサポートで山の中を歩くのです。相手を完全に信頼していなければ足が動きません。だからそのワークだけは信頼できる人を、と勇気を出したのです。おかげですばらしい学びを得て、私の人生は好転しました。

反対に、**「断る」という選択**もあります。

アメリカやヨーロッパにあるヒーリング大学では、相モデル（生徒同士でお互いにモデルになること）でハンズオンヒーリング（チャクラとエネルギーフィールドのヒーリング方法）をするとき、「誰にヒーリングしてほしいのかを選んでください。もしヒーリングされたくないなら断ってください」と断る勇気を教えられました。

このとき、罪悪感と向き合うことになりました。断ると悪いような気がする。相手を傷つけないだろうか……と。

ですが、この人にはヒーリングしてほしくない、つまり信頼なくしてヒーリングは起こりません。思いやりと罪悪感、この違いは大きいです。罪悪感とは幸せの拒絶。自分を罰するエネルギーです。

自分のハート、情熱に正直に従うか？
自分の恐れに従うか？
自分の人生を生きるか？
他人の人生を生きるか？
自分自身であるか？
恐れを隠すか？

選択は常に自由です。同時に、すべての選択によい、悪いはありません。

そのうえで、情熱に従えば至福、恐れに従えば苦痛、それだけです。

こうして私も恩師や仲間たちから導かれ、解放されてきました。

完璧ではなかったからこそ、恐れがたくさんあったからこそ、多くの痛みを体験したからこそ……乗り越えたあと、セラピストになれたと思っています。

第4章

左脳と右脳のバランスへ

AI時代に求められる人間力は直観とイマジネーション

コロナちゃんが与えてくれたものとは？

コロナちゃんの影響によって働き方が様変わりしましたね。

なかでも加速したのが在宅勤務ではないでしょうか。満員電車に揺られて出勤しなくていいですし、Ｚｏｏｍなどのオンラインテレビ会議ツールを使えば顔を見ながらコミュニケーションをとることも可能です。

私自身も自粛期間中に「少しでも笑って元気になってもらえたら……」との思いで動画配信の授業をやってみました。

ですが、私の場合はやっぱり直接会ったほうがいいですね。多くの方からも「里美ねえやんはやっぱり生がいい！」との声をいただき、できる限り直接お会いしての授業を中心にやっていこうと思います。

とはいえ、冒頭でお伝えしたように、世の中では働き方の変革が起きているのも事実。対面か、オンラインか。どちらが優れているというより、今後は必要に応じて使い分けられるようになるかもしれません。

じつはコロナちゃんが本格化する前の２０２０年1月10日、こんな内容をブログに書いていました。

ＡＩの時代になり、働き方も大きく変わり、会社で仕事をする必要もなくなり、東京からＩＴ関係の方々をはじめ、いろんな方々が淡路にお引っ越ししてきました。よい環境で子どもを育てながら仕事をしていきたいのだそうです。そのうちビルも必要なくなり、緑が増え本来の環境に戻っていくのでしょう！

近年は地方への移住を検討する人が増えているようで、実際に都市部から淡路に拠点を移してきた人がたくさんいます。コロナちゃんによって地方の価値が再認識されて、都市部への一極集中が緩和されていくかもしれませんね。

そうなると、ブログにも書いたように、**今のようにたくさんのビルは必要なくなり、本来の地球環境が取り戻されていく**はずです。

ところで、なぜ淡路に移住する人が多いのでしょう。

そこにはちゃんと理由がありました。

淡路の食料自給率、なんと100%を超えているんです。牛乳も卵も肉も野菜も……淡路産があるのですね。

ちなみに日本の食料自給率は37%と低く、大阪と東京に至っては1%。先進国で最下位です。

他国をみてみると……カナダ＝264%、オーストラリア＝223%、アメリカ＝130%、フランス＝127%、ドイツ＝95%、イギリス＝63%、イタリア＝60%、スイス＝50%となっています。

2020年1月10日の私のブログには、大手企業のサポートをしているコンサルタントのキャップこと、松野恵介さんと話し合った内容も書いていました。

これまで日本は人のお役に立つもの、便利なもの、喜ばれるものをたくさんつくってきました。日本人はサービス精神旺盛で、職人の技術もすごいですからね。それが人にとってありがたかったのですが、地球にとってはどうだったか？

先日、クジラがビニールやプラスティックのゴミをたくさん食べて亡くなっているのをニュースで見ました。今年からスーパーの袋もエコバッグに変わりますが、近年の地球温暖化での災害、食料危機などの状況をみると、これからの企業は人に喜ばれるだけではなく、「地球にとってもよいのか」と問う視点も踏まえて新商品を開発する必要があるよ――そんな話をキャップとしておりました。

もちろん、恐れることはないです。地球のことも少し考えながら、みんなで大いに楽しみながら、笑いながらね！　プラスティックに変わるものも開発されているようですしね。

今回、コロナちゃんの影響で世界中で経済活動がストップし、大気汚染が一時的に改善したそうですね。コロナちゃんは、私たちが自分たちのことだけを考えるのではなく、地球との共生を再確認するきっかけを与えてくれているのかもしれません。

想像力と創造力が求められる時代へ

日本の文化はすばらしいと常々思っています。

たとえば西洋文化のフォークでは脳は活性化しませんが、**手先の器用さが求められるお箸を使うと脳が活性化する**のをご存じでしょうか。掃除機ではなく、ほうきを使うことで脳が活性化することも知られています。折り紙や編み物も同様です。

さらに日本人は、脳の中でも「右脳」を活性化できればいいですね。右手を使うと左脳が働き、左手を使うと右脳が働きます。日本人は右利きが多く、左脳をよく使っているからです。

右脳、左脳の役割はつぎの通りです。

- 右脳：直観力、空間認識、イマジネーション力、クリエイティブ力、スピリチュアルな感性、魂の表現
- 左脳：理論、分析、言語、計算、知識

右利きが多い日本人は左脳をよく使いますが、左手も意識的に使って右脳を活性化してみましょう。

左利きの人に天才が多いといわれるのは、右脳が活性化するからですね。アイン

シュタイン、エジソン、ピカソ、レオナルド・ダ・ヴィンチ、ベートーベン、ゴッホ……はみんな左利き、あるいは両利きだったそうです。

左脳は言語をつかさどるので話が上手な人は左脳が活性化していると思われるかもしれませんが、じつは右脳に備わった想像力に長けているのです。右脳には空間を認識したり、共感したりするすばらしい可能性もあるんです。空気が読めない人は右脳の感情脳、共感脳の働きが弱く、左脳に偏っているのですね。

年齢を重ねている人は「今さら……」と思うかもしれません。ですが**脳は年齢に関係なく、80歳を過ぎても活性化する**ことがわかっています。脳は手を動かすことで活性化するので、認知症も治るかも？　ですね。

日本の教育は左脳中心ですが、これからは右脳も鍛え、左脳と右脳のバランスを養うといいですね。逆に以前、お会いしたサイキックヒーラーの方は、スピリチュアル才能で右脳が強く、左脳を鍛えていると言っていました。

やはり大切なのはバランスなんです。

以前、私の脳のバランスをテストした際、まれにみるバランスで驚かれたことがありました。元美容師だからかなと思ったり。美容師は、両手をよく使う職業のひとつだからです。

ハサミは右手ですが、実際にデザインを創っているのは左手です。イメージしながら左手でデザインを創り、右手でハサミを動かす。この両手使いを長く続けてきたおかげで、今でも左手はよく動きます。

両手を使う美容師の右脳が活性化しているのは、実際のトレーニングでも実証済みです。顧問契約をしている美容室の社員教育で、右脳を使った記憶法のトレーニングをしたところ、過去最高の記憶力だったのです。しかも全員！　やっぱり両手を動かすってすごい脳力ですね。

さて、今後ますますＡＩが進化していくはずですが、私は**ＡＩの役割は左脳で、人間の役割は右脳になる**と思っています。

慶應義塾大学教授でヤフー株式会社ＣＳＯ（チーフストラテジーオフィサー）の安宅和人さんが書かれた『シン・ニホン』（NewsPicks パブリッシング）という本があります。ＡＩ時代の中で日本がどう生き延びていくのかを考察した本で、安宅さんは蓄積されたデータとＡＩを活用したうえで今後の日本人に求められる力、人間にしかできない力を「妄想力」、具体的には「想像力」と「創造力」だと断言されていました。

私が『想像して創造する』という本を出したのは、10年以上前の２００７年。そして今、その改訂版の制作中です。この10年で日本は、世界は大きく変わりました。**想像力と創造力、まさに右脳の力こそ、今後求められる**ということでしょう。

今後、ＡＩがどれほど進化しようとも、唯一、人間にしかできないことがあります。それが**直観とイマジネーション**です。あとは選択ですね。

知識から知恵へ。知恵から直観へ。

楽しんでいるとき、笑っているとき、心が平和なとき、自分とつながっているとき……。

直観は、そんなときにやってきます。

直観とは、真実への道なのです。

ＡＩができることはＡＩに任せ、人間にしかできないこと——直観やイマジネーション、クリエイティブな才能を発揮し、本来の自分を表現する新しい時代がやってきたのです。

個性と調和のバランスの時代へ

当社の子どもクラスは小学生対象と中高生対象に分かれます。

いずれも学校では教えない心の授業を大切にしてきました。潜在能力を引き出すための右脳の愛と調和、共感力、イメージの力、自分らしく生きることや心の強さ、やさしさや夢の実現などを伝えていきたいと思っています。

これからの時代は**個性と調和のバランスの時代**です。右へ倣えでみんなが同じ行動、同じ勉強をしなくても、個々に合った勉強法で個性を輝かせる時代です。

ＡＩによって多くの職業がなくなる一方、新しい職業がどんどん生まれ、一人ひとりが個々の才能を使って社会に貢献する時代になるでしょう。

学歴社会や古いシステムからも解放され、もっと自由に選択できる社会になっていきます。会社でもフリーアドレスといって、自分の決まったデスクをもつのではなく、好きな人と、好きな場所で自由に仕事をする形態が増えてきましたね。

会社に入ってから、会社が所属部署を決める〝就社〟は世界でも日本だけです。日本でも、欧米のように**才能を引き出せる、自分の望む部署を自ら選択する〝就職〟が広まれば、もっと仕事にやりがいを感じ、その人らしく輝けるようになる**でしょう。

昔は、会社を選ぶ基準の第一は「給料の高さ」でした。それが今では「やりがい」や「楽しさ」など、物質よりハートの選択、「心の豊かさ」が優先されるようになってきています。

だからでしょうか、最近では能力アップを目的に、心のトレーニングを教える会社が増えてきました。私にも、企業からの講演依頼が多く入ります。一人ひとりの心のケアやメンタルトレーニングの重要性が認識されてきたからだと思います。職場ではもちろん、子どもたちが学ぶ学校でも、個々の能力アップや心の豊かさがこれまで以上に大事にされるといいですね。

大人が変われば子どもが変わり、子どもが変われば未来が変わります。未来の日本を創る子どもたちが心豊かに、自分のハートが本当に望む人生を送れるようイメージして……。

天才は右脳にあり

以前、飛行機の中で読書でもしようと、タイトルだけを見て『右脳思考』（内田和成／東洋経済新報社）という本を買いました。すると、今まで興味がなく、一度も手にとったことがないコンサルティングの本でした。

「成功している経営者は右脳を使っている」と。

右脳の役割は、前々項でも触れたようにイメージや感性、第六感、空間認識、ひらめき、直観、芸術、音楽などです。一方、論理的に分析した答えや、正しいか、正しくないかといった選択は左脳の役割です。

ただし、やりたいか、やりたくないか、好きかどうか、そんなひらめきや勘をともなう選択は右脳の役割なんです。

「天才」とは、天から授かった才能を使っている人のことです。一人ひとりに備わった才能は、右脳が知っています。これは論理的なものではないから。

この世のすべての人は才能をもっているので、すべての人は天才です。そうです、天才とは天から授かった才能、つまり右脳とつながっているのです。

違いは、右脳を使っているかどうかだけ。みんな右脳はありますからね。

すべての人は６歳までは右脳で過ごすので、６歳までは天才でした。

日本の学校教育は左脳教育なので、独自に右脳を鍛える必要がありますね。だから当社の子どもクラスでは右脳のイメージトレーニングを重視するのです。

もちろん、何度も言うように左脳も必要ですよ。左右のバランスが大事です。

そのうえで、**正しい（左脳）人生ではなく、大好きな（右脳）人生**を選択できるようにね。

心に描いたイメージどおりの体験をする

私がいつもつけているアロマはサンダルウッド（白檀）とローズのブレンドで、日本では販売されていないインドの100％ピュアのオイルです。自分のためにつけているというよりは、生徒さんがその匂いで瞑想に入りやすくなるのが使っている理由です。**嗅覚は脳に直結している**からです。

サンダルウッドは瞑想には最適です。場が浄化され、深いリラックス効果と集中力を高める効果、さらに人間の自然治癒力を向上させ、細胞の働きを活性化する効果があるとされています。

ローズは1滴のオイルをつくるのに、バラが50本必要といわれるほど高級なオイルです。自律神経、ホルモンのバランスを整える効果があるといわれています。

がん治療をされる方にアロマオイルをプレゼントしたこともあります。イメージ療法の中でもペインコントロールには効果が高く、麻酔なしの手術でも、麻酔状態にまでなるほどの力もあります。

本書では、健康についての内容にはあまり触れていませんが、興味があればスクールにご参加いただいた際などに聞いてくださいね（病気や健康など、今後もテーマを決めてシリーズで本を出していく予定です）。

さて、本書でもすでにお伝えした名刺でのお箸切り。再受講の多いクラスではバージョンアップさせ、半分に切った割り箸をさらに半分に切る〝4分の1切り〟に挑戦することも。

もちろん切れますが、何事も**難しいと思えば、難しいという体験をします。簡単と**

思えば、簡単に切れる体験をします。

そうです、そのイメージ、その心――たったそれだけで体験が異なるのです。

左脳は、持ち方や切り方があぁだこうだと分析しますが、実際にはまったく関係ありません。名刺をどう持とうが、切れるか切れないかはイメージだけですね。

そしてお箸切りだけではなく、人生もどんなイメージを描くかがすべてです。

自分らしく生きるとは？

「自分らしく生きる」とよくいわれますが、それっていったいどういうことでしょう。

私は、**自分の個性を生かすこと**だと思っています。

個性はパワーです。この世に生きるすべての人が、一人ひとり違ったユニークな存在です。誰かと同じ生き方、同じ人生なんてありえないのですから。すべての人には自分にしかできないこと、独自性があります。

誰が何と言おうと選択は自由であり、自分で選択していいんです。

でもね、知識にはジャッジがあります。正しい、間違い、よい悪いなどの選択です。

その知識を手放すと、知恵になり、それが直観となって、やがては叡智となります。知識は左脳、叡智は右脳ということです。

たとえばイメトレでは呼吸法は必須ですが、呼吸法といってもたくさんあり、私も多くのブリージングを学んできました。

自分が気持ちいいと感じたやり方が自分にとっての真実の道です。

私と同じようにブリージングを学んできた人もいるでしょう。もし、私が教えた方法よりも、ほかに気持ちいいと感じるものがあったなら、変える必要はありません。

これが、自分を信じるということです。何度も言いますが、選択は常に自由！ **自分らしく生きるとは、自分を信頼すること**ですね。

人間もAIと同じ。プログラミングどおりに動いている

２０２０年から小学校でプログラミング教育が必修化されたそうです。

ＡＩと人間とは違うと思われるでしょうが、じつは人間もプログラミングどおりなんですよ。実際、潜在意識にインプットされたイメージ、信念のことを専門用語で

「プログラミング」と言います。

つまり、**すべての人の人生はプログラミングどおりに動いている**のです。

すでに潜在意識には、ばく大なデータが打ち込んであります。人間は、よくも悪くもそのデータどおりの人生を送っているということです。

仮に、潜在意識に望むデータだけが打ち込まれているのであれば、その人はすでに望む現実を生きているでしょう。仮に望まないデータであっても、残念ながらそのとおりの人生を送っていることでしょう。

では、望まない人生の人はあきらめるしかないのかといえば、もちろんそんなことはありません。パソコンやＡＩと同じように、**望まないデータは消去し、望むデータを新たに打ち込んであげればいい**のです。

ただし、パソコンを使う場合、スイッチを入れてキーボードで打ち込まなければ、データの消去や新規の書き込みができないのと同じように、人間も潜在意識の扉を開いて打ち込まなければデータを変えることはできません。

ＡＩと人間の共通項がもう一つあります。**データが打ち込まれたあとは自動操作で動いている**ということです。

だからこそ、ＡＩも人間も、その扉を開く鍵と打ち込み方を習う必要があるんですね（詳しくは『ちっちゃいおっちゃん』［カナリアコミュニケーションズ］を参考にしてください）。小学校でプログラミング教育が始まったのなら、同時に人間の潜在意識のプログラミング教育も必修化されたらいいのにね。

あなたの心の中には、どんなプログラムが打ち込まれているのか知っていますか？

どうぞ、ご自身と向き合ってみてくださいね。

もし、間違ってプログラミングしているのなら、それを削除すればいいだけ。

そして、望むプログラミングを打ち込むだけでいいのです。

その方法こそがイメージトレーニングです。

ＡＩも人間もまったく同じ。イメージトレーニングとは、望む人生のプログラミングを正確に打ち込むことなんですね。

第5章

自己変容する

古い信念や価値観を手放し、本来の自分に戻ることこそ幸せへの道

変容のプロセスは、本来の自分に戻る過程でもある

変容のプロセスは誰の人生でも必ず起こります。

リストラ、倒産、お金の問題、病気、事故、ケガ、離婚など夫婦のパートナーシップ、親子の関係……など、すべては**自分自身の課題でもあり、それらから解放され、本来の自分に戻るためのプロセス**でもあるといえます。

リストラにあったからこそ、自分と向き合い、本当にやりたい仕事に就けた。

病気になったからこそ、自分と向き合い、自分らしい生き方になった。

お金に苦しんだからこそ、自分と向き合い、お金と仕事の思い込みを手放しビジネスに成幸した。

親子のトラブルがあったからこそ、自分と向き合い、共感、愛、信頼を学んだ。

一見ネガティブに見えるものの、人生の転機になるような事象を「ターニングポイ

ント」といいます。

２０２０年の今回の場合はコロナちゃんがやってきて、地球レベルで変容のプロセスが起きました。

医療、教育、働き方、自然との共存、地球温暖化、政治、社会的システム、ＡＩ、人との距離、きずな、愛と思いやり……じつにいろんなテーマがあったのではないでしょうか。

こうしたテーマについての葛藤を今も感じているのであれば、あなたにとってのプロセスはまだ続いているということです。

もちろん悪いことではありません。こういうときにこそ**葛藤が表面化されるので、気づいて解放できる**のです。

私もさまざまな変容のプロセスを経験してきました。そのときは絶望のように感じますが、今では「あれがターニングポイントだった」とわかります。大きな学びと気づきと癒しでした。本当に感謝です。

まだ葛藤のさなかにいる人も、どうぞイメージしてみてください。

ワクチンが完成し、コロナちゃんが終息しました（ワクチンを打つ、打たないの選択は別として）。

マスクを外し、ソーシャル・ディスタンスは限りなく近く、大好きな人たちと大声でしゃべり、笑い……さて、今いちばんやりたいことはなんでしょう。

私は、当社の25周年イベントとして開く予定にしていた「アホ祭り」ですね。

昨年も開いてとっても楽しかったのです。子どものようにアホになり、無邪気にはしゃぐアホ祭り、25周年の今年もぜひやりたい！　そんな思いで２０２０年10月に開催を予定し、恒例の〝ねえやん服プレゼント〟のために昨年から服をめっちゃ買っていました（笑）。

終息したらワクワクの「アホ祭り」、盛大にやりますよー！　わっはっは!!

ブループリントに従って生きると人生が輝く

神戸にある理化学研究所のスーパーコンピューター「富岳」が計算速度で世界一になりました。

あるいは日本大学が専門の技師や検出器を必要とせず、30分程度で新型コロナウイルスの感染を判定する検査法を短期間で開発するなど、日本の技術ってほんとすごいですね。まさに才能ですね。

コロナちゃんによる自粛中、何十年ぶりかで映画『バック・トゥ・ザ・フューチャー』を観て、「もし過去に戻って何かを変えるとしたら私はどの年代だろう」と思いました。でも結局、「何もやり直すことはなく、このままの人生がいい」とあらためて思いました。辛いことは多々あったけれど、だからこそ今幸せだと……。

私たちの深いところには、**「人生の青写真（ブループリント）」**があります。

そこには神聖なところとつながっている、自分の才能や人生の使命などの設計図があるんです。

どんな才能をもち、何をしたいのか？
どんな課題、テーマにチャレンジしたいのか？

顕在意識ではわからないだけで、本当は自分の中にあるのです（第1章のねえやん流の神話、かっちゃんとめぐちゃんの話の続きです）。

このブループリントに従うと、人生が輝きはじめます。そう、元々もっているのですから。

今や2000年に一度という変容のときであり、1600年ごとに世界の中心が変容する地球の法則の時期でもあります。この大変革の時代に生まれたのはすごいことです。私たちの魂が、この時代をあえて選択したのですから。

実際、今回のコロナちゃんの影響によって、今までの社会の常識や枠、ルール、制限、古い価値観が変わりはじめています。一人ひとりのユニークな個性が花開き、独創性や創造性が発揮され、自由のエネルギーに変換され、心や精神が豊かに変容してきていると感じます（ただし、社会との協調性も保ちつつね。自分らしく、自由に生きることと、ただ我がままに、自分勝手に生きることはまた違いますから）。

ブループリントに従って生きると人生が輝きますが、過去から来る潜在意識の恐れの記憶があると、ブループリントの設計図をブロックします。

ブループリントを知る方法がハート、フィーリング、感性、直観。

ブループリントを拒んでいるのがロウアーセルフ、恐れ。

今回の自粛期間は外側の世界ではなく、自分の内側と向き合うチャンスでした。なので私もあえて誰とも会わず、どこにも行かず、内側の創造性を発揮していました。

大変革の時代を経て、これから多くの人がブループリントを生きていくことでしょう。

仕事も、今ある職業ではなく、もっと自由に、自分で新しく創ったらいいですね。

私だって「お笑い（コメディアン）セラピスト」なんて職業を自分で創ったのですから（笑）。わっはっは!!

自分の才能を表現する――これはまさにブループリントに従って生きることですね。

私の場合、アメリカの成功哲学が直観の邪魔をしていました。アメリカの成功哲学とは、未来から逆算して計画を立て、夢を叶える方法（フィードバックタイプ）です。左脳タイプの人は計画どおりにいくのでしょうが、右脳タイプの人は左脳で計画を立てても、右脳の直観が違う方法を言ってきたら、その直観に従ったほうがうまくいくのです（フォワードタイプ）。

右脳タイプの人は、直観に従ったほうが、逆算方式の計画よりもっと自分らしく、もっと幸せになれますよ。

感染症を機に、世界は大変革を繰り返してきた

コロナ禍の5月に「池上彰の人類VS新型コロナ」という番組で感染症の歴史が特集されていました。世界は感染症がきっかけで「大変革と再生」を繰り返してきた、そんな内容です。

たとえば大航海時代の1533年、アメリカ大陸で栄えたインカ帝国はスペイン軍に滅ぼされました。兵力は、インカ帝国8万人に対して、スペイン軍はたった200人。インカ帝国が数的優位に立ちながら敗北した原因が天然痘の感染症だったのです。すでに免疫のあったスペイン人が天然痘を中南米に持ち込み、感染症によってインカ帝国が滅亡して西欧による中南米の支配が始まりました。

このように国を滅亡させた天然痘は世界中の人口の10分の1を死亡させたともいわれています。

日本では聖武天皇時代の735～737年に天然痘が流行り、100万人から

150万人が死亡。天皇は「自ら開墾した土地が永遠にわたって私有できる」という復興政策を打ち出しましたが、土地を奪おうとする人が出てきました。

そこで土地を守る役割として誕生したのが武士だったのです。日本のお侍さんのルーツも感染症だったのですね！

もうひとつ驚いたのは、奈良の大仏ができたのも感染症がきっかけだったこと。天然痘の犠牲になった人たちを供養する目的で建立されたというのです。

14世紀にヨーロッパでペストが大流行したときには、ヨーロッパの人口の4分の1もの人が亡くなったといわれています。その結果、労働力不足から給料が上がり、農民が自由を手にしました。

一方、ペストを止められなかったカトリック教会の権威は失墜し、封建的な価値観から解放され、自然な自分らしさを大切にする時代に。

ところで、昔は感染症の原因は汚染された空気だと考えられていたそうです。脳炎も昔は悪魔病といわれ、お祓いに行っていたくらいです。

ようやく病原体である細菌が原因とわかったのが19世紀。ロベルト・コッホによって細菌の存在が明らかにされたのです。

すてきなのはここからです。

当時、冷戦下にあったアメリカとソ連が天然痘根絶計画を立て、お互い力を合わせて天然痘を根絶させたのです。**世界の人たちが戦いをやめ、手をとり合ったのも感染症がきっかけ**だったのですね。

こうして歴史をみると、感染症が大変革を起こしてきたのが理解できます。

今回のコロナちゃんも歴史的な進化の起点となりました。

私としては、日本がいちばん注視してきたのが医療崩壊ということもあり、コロナちゃんを機に医療が大きく変わるように思います。さらに教育や働き方も様変わりを始めていますね。

自由に、自分らしく、好きなことができる時代へ。今、変革のプロセスのさなかにいる人も、大丈夫、きっとよくなるから！

コロナちゃんが終息した世界の経済とは？

同じくコロナ禍の４月、「パンデミックが変える世界」というＮＨＫの番組を見ました。今回のようなパンデミックが起こると10年前に予告していた経済学者のジャック・アタリ氏のトーク番組です。

アタリさんは、つぎのようなことを語っておられました。まさに私が思っていたのとシンクロしていて共感しました。

「こういうときこそ人間の本質に立ち返るのが大事」
「利他主義という理想への転換こそが人類のサバイバルの鍵となる」
「他者を守ることが我が身を守ることになる」
「協力は競争よりも価値があり、人類はひとつであることを理解すること」

パンデミック終息後の経済については、アタリさんは「ポジティブ経済に移行する」とおっしゃっていました。**ポジティブ経済とは、食や医療、教育、文化、情報、研究、イノベーション、デジタルといった〝命の産業〟に重点を置く経済**のことです。生きるために必要な経済活動に集中するということですね。

もちろん、個人の未来は、一人ひとりの個々のイメージが現実化していきますが、世界の未来は今の人類の集合意識の結果です。だから個々の意識や行動の集合体が現実化することになります。

アタリさんがおっしゃるように、コロナちゃんの出現によって経済もシフトする必要があるでしょう。

社会システムや個々のライフスタイルをポジティブなものに移行する契機にするのが大事だと思います！

過去を振り返るより、未来志向でチャレンジを

歴史が変わろうとしている今、**過去に戻ろうとするよりも、新しいことにチャレンジするのが大事**です。もはや過去の価値観は通用しなくなるでしょう。

私は、未来の子どもたちの歴史の授業をイメージしています。

未来の子どもたちは言います。

「すごい。この時代の人たちが歴史を変えたんだ！」

「勝ち負けを決める競争社会、自分たちの得なことばかりを追いかける利益追求ビジネス、貧富の差、自然破壊などを解決し、新しい時代を創った人たちなんだね！」

「助け合いが始まったんだよ。国と国がワンチームになったんだ！」

子どもたちは先生に聞きます。

「この時代の人たちは、どうして社会を変えようと思ったの？」

先生は答えます。

「それはね、コロナちゃんっていう感染症が広がったからなんだよ。最初はみんな大変だったけど、そこから新しいチャレンジが始まったんだ。そして本来の自分に戻り、社会の仕組み、経済の在り方が変わったんだよ」

な〜んてね。想像力豊かな私はワクワクしながら思い描くのでした。

少なくとも、歴史が変わったこの時代の出来事が未来の教科書に掲載されることは間違いないでしょう。

戦国時代の人が今の日本人を見たらきっと宇宙人（笑）。わっはっは!! 人間は常に進化を続けているんです！

学ぶためではなく、思い出すために生まれてきた

イマジネーションとは神である——そう書いてある本はたくさんあります。

私自身もそう思います。

以前、親友から聞いた話ですが、私がその方に緊急で連絡をとりたくて電話したところ、彼女も講演中で音が鳴らない設定にしていたとのこと。ところが、私がかけた電話だけはバイブにしても音が鳴り、さらに電源を切っても鳴っていたそうです。

こういうことには驚かなくなりました。名刺の割り箸切りの授業で左手にお箸、右手に名刺を持って「真ん中をよ～く見て、まっすぐに切れているイメージね」って自分もイメージしながら説明していたのです。すると真ん中から線が入ってきて、手も

触れていないのに、勝手に割り箸がまっすぐに切れて落ちたんですね。生徒さんも「キャー！」って大騒ぎで盛り上がっていました。

こうしたことは超能力などではなく、みんなが本来もっている力なのだと思います。イメージ療法でがんが消えた人も多数います。医師たちは「なぜこんな奇跡が起こったのか……説明できない」と言っていたそうです。人間にはまだまだ無限の可能性が眠っているのです。

もっと身近なことでいっても、たとえばカレーを食べたいと思っていたら、家に帰るとカレーだった、そんな経験は誰しもありますね。あるいは電話をかけようと思ったら、その人からかかってきたり。みんなこうやって、**人間の本来の力を自然と使っている**んです。

違いはひとつ。意識的に使っているか、無意識に使っているか。

「人は学ぶために生まれてきた」という人もいますが、私は「**思い出すために生まれてきた**」と思っています。みんな本当はすべてを知っているんです、神様のかっちゃんが自分に何を与えてくれたのかを。

学ぶためではなく、本当の自分を思い出すために生まれてきて、今生きている。だから、私は皆さんに何も教えているわけではないんですね。

「すべての答えは自分の中にある」――きっとみんなが気づく日がやってきます！

恐れと向き合うことで解放につながる

以前、お嬢さんと電話連絡がとれないだけで、過剰に心配してしまうというお母様がいらっしゃいました。「事故に遭っているのではないかと何時間も心配してしまいます。どうしたらいいでしょうか」とおっしゃるのです。

するとト私にスペシャルなアイデアが降りてきました。

恐れの声がうるさくて仕方がないとき、IKKOさんのように「まぼろし～」と言いながら、「**おだまり帽子**」をかぶるのです（笑）。帽子には「おだまり！」と書いてあり、かぶると心配が止まるという代物。お母様もそのアイデアに大笑いされ、「その帽子、つくります！」と。

すると後日、おだまり帽子を本当につくられたそうでマネージャーに連絡があり、写真まで送っていただきました。

さらに娘さんから感謝のメッセージも。そこには、お母様を苦しめていた恐れの原因が書かれていました。

スクールを母と受けた際、尾﨑さんの話を聞いていた母が自分の傷に気づきました。

母は幼少のころ、実の母に「ここで待っててね」と言われ、そのまま見捨てられたというのです。実の母は、それっきり母のもとには帰ってきませんでした。

スクールが終わった帰り道、母は「そうか、そうか……私が心配性なのは、あのときの傷ついた私の記憶が原因やったんやね」と、何度も自分に言い聞かせるように言っていました。

そしてその夜、テレビを見ていたら急に思い出したようで、「わぁ～っ」と泣き出しました。気づけば、私は母を抱きしめにいっていました。

「辛かったなぁ、さみしかったなぁ、でも誰もお母さんを見捨てないから。大好きやから。こんなお母さんが大好きで私は選んで産まれてきたんやで。ありがとうね。大好きやで」と感謝をたくさん伝えました。そしていっしょに泣いていました。

母は、「私、泣いていいんやね、さみしかってん」とたくさん泣いていました。

そして、泣ききったあと、いろいろとお話をしてくれました。

母は、過去の傷が自分をこんなにも苦しめていたんだと腑に落ちたようです。

母といっしょに参加できてよかったです。ほんとにありがとうございました。

ちなみに、おだまり帽子、昨日つくって早速かぶっています。うちの息子もかぶってます。

娘さんとの親娘愛。本当にすばらしいです。

お母様の場合、心配していたのは、心の中に住んでいる子どもの自分だったのです。心の中の自分を抱きしめてあげるといいね。心の中の子どももきっと癒されることでしょう。

自分を苦しめている恐れと向き合うことで、解放につながっていきます。お母様はすばらしい娘さんにめぐまれて幸せですね！

仕事も遊びもバランスが大事

年に一度、1か月の休みをとって世界旅行を始めたのはもう十数年前のこと。

「そんなことが可能？」「1か月も本当に仕事を休める？」

そんな思考のすぐあとに、ハートはこう言いました。

「決めたら、ええだけやん」って（笑）。

じゃあ決めた！ ということで毎年、世界を旅してきました（震災時にはキャンセルして全額寄付するなど、自分のハートに従ってきました）。

日本人は休んで遊ぶことに罪悪感を覚える人もいますが、仕事も遊びも思いっきりやる！ そしてエネルギーをチャージする！ そうやって人生をエンジョイするといいね。

仕事も遊びもバランスですね。

同じく、動くことも、瞑想することも、静と動のバランス。人間関係も、バウンダリーとのバランス。とくに私は多くの人と接するのでバウンダリーを大切にしてきました。

さらに右脳と左脳もバランスですし、西洋医学と東洋医学もバランス。ボディ、マインド、スピリチュアルもバランス。

そう、いろんなバランスがあっていいのです。もちろん完璧でなくてもいいですよ。楽天的に、その日の気分で。

自分のハートが望むことを自分にさせてあげるのも、自分を愛することのひとつ。

最幸の豊かさとは、やりたいことが、やりたいときにできることですね。

外側ではなく、内側（心）を変えるだけで、すべてはうまくいくんです！

物事は、楽しんでいるときにこそうまくいく

「努力をやめる！　がんばることをやめる！　やる気をやめる！」

こうしてお伝えすると、キョトンとした顔をされる方がいます。

「努力」という字の由来は「奴隷の奴」で、奴隷が力仕事をするといった意味が元になっています。つまりやりたくない心で動く、ということです。

「がんばる」は、がんばらなければいけないほど難しい、そんな心で動くということです。

「やる気」は一見いいことのように思えますが、努力、根性、忍耐、修業など、意志の力を使って動くということです。人間の力の95％は潜在意識で、意志（顕在意識）の力は５％しかありません。そのたった５％の力を振り絞るためにやる気を出し、がんばり、努力しようとするのです。

でもね、そもそも楽しんでいるときは努力したり、がんばったり、やる気を出したりしているわけではないですね。

ただ楽しい、ただ集中している——そうやって楽しんでいるときにうまくいくのです。

95％の力をもっている潜在意識は楽しんでいるとき、笑っているときに遺伝子のスイッチがＯＮになります。

反対に、意志の力でがんばるほど、努力するほど、やる気になろうとするほど、反対側に引っ張られます。これを「リアクションの法則（逆法則）」といいます。

神聖な場所に行くときによく言われますね。

「笑ったらあかん。絶対笑ったらあかんで！」って。

すると、笑わないよう意識するほど、何もないのにおかしくて仕方がなくなり、笑ってしまうのです。とくに関西人は（笑）。わっはっは!!

これもまさにリアクションの法則です。

ただ楽しんで集中しているとき、無我夢中で物事に向き合っているとき、その気になって「自分はできる」と自信がみなぎるとき、潜在意識と顕在意識が統合されて物事がうまく運びます。**「やる気」より、「その気」**ですね。

どちらが正しいかではなく、どちらが自分に合っているか

私は二十歳のころからイメージングを始め、10年単位で目標を決めてやってきました。詳しくは自著の『想像して創造する』に書いていますが、10年単位で目標を叶えてきたのです。

ただ、あくまで私のやり方であって、遠いヴィジョンは叶いにくい人もいるでしょうし、反対に老後のヴィジョンまでイメージできる人もいるでしょう。「夢は語るほ

うが早く達成する」と書かれた本もあれば、「夢は語らないほうがよい」という本もあります。

「いったいどっちが正しいの？」

こうやってよく聞かれます。

私も昔はそう思っていました。いろんなワークを受けに行き、今までの学びとは違う内容を教えられると、「どっちが正しいの？」って。呼吸法ひとつをとっても、かなりの数のワークを受けましたがみんな違いました。

私たちは子どものころから正しい、間違いを教え込まれてきました。だから「どちらが正しくて、どちらが間違っているのか」を知りたいのです。

学校では、答えが間違っていると怒られたりもしました。教育やしつけに厳しい親から怒られた人も少なくないでしょう。

だから間違うと恐いのです。常に誰かに答えを求めるのです。

でもね、それは本当に間違っていたのでしょうか。

「女の子はおとなしくしなさい」「男の子なんだから泣いてはダメ」

これらは本当ですか？　真実ですか？

ちなみに私は「おっさん」と言われてきましたよ（笑）。わっはっは!!

私は思います。

どちらが正しいのではなく、どちらが自分に合っているか、どちらがワクワクしたり、気持ちよかったりするるかだと。自分のハートは正直なんです。自分を信じることって大切ですね。

自分の中にすべての答えがあります。それが右脳です。

何度も言いますが、正しい、間違いなんてありません。人と違っていても「ええやん！」です。演歌が好きな人もいれば、ジャズが好きな人もいる。それでええねん！

脳波と人生と若く見える人の関係とは？

人間の脳波は六つに分かれます。ガンマ波（40ヘルツ～）、高ベータ波（25ヘルツ～）、低ベータ波（12～15ヘルツ）、アルファ波（8～12ヘルツ）、シータ波（4～7ヘルツ）、デルタ波（0・05～3・5ヘルツ）です。

イメージワークをおこなうと、脳波はこの六つのうち、シータ波の状態になりま

脳波の6つの状態

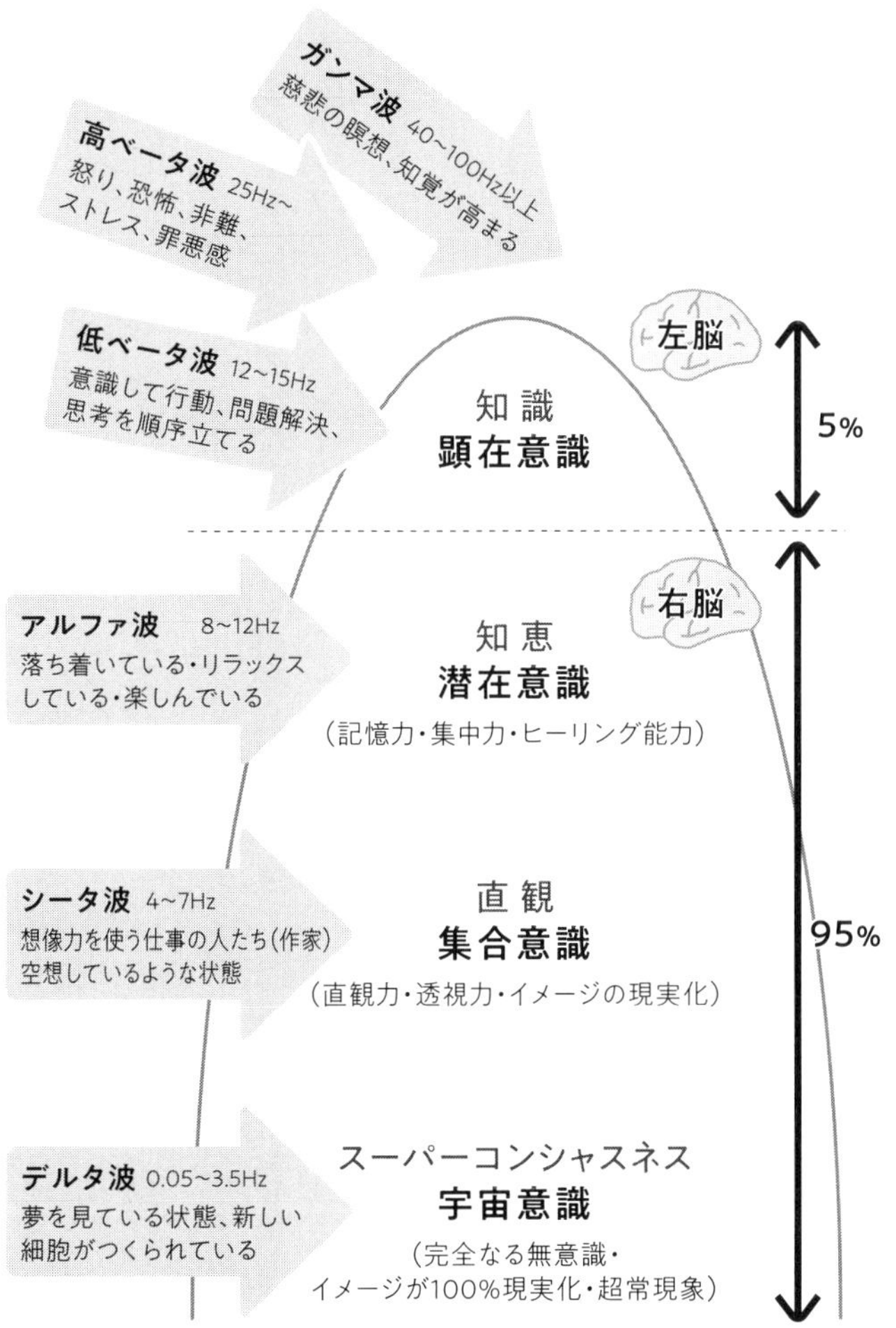
ガンマ波 40~100Hz以上
慈悲の瞑想、知覚が高まる
高ベータ波 25Hz~
怒り、恐怖、非難、
ストレス、罪悪感
低ベータ波 12~15Hz
意識して行動、問題解決、
思考を順序立てる
左脳
知識
顕在意識
5%
右脳
アルファ波 8~12Hz
落ち着いている・リラックス
している・楽しんでいる
知恵
潜在意識
（記憶力・集中力・ヒーリング能力）
シータ波 4~7Hz
想像力を使う仕事の人たち（作家）
空想しているような状態
直観
集合意識
（直観力・透視力・イメージの現実化）
95%
デルタ波 0.05~3.5Hz
夢を見ている状態、新しい
細胞がつくられている
スーパーコンシャスネス
宇宙意識
（完全なる無意識・
イメージが100%現実化・超常現象）

す。このシータ波が、潜在意識との対話がもっとも起こりやすい状態です。夢が実現する脳波でもあり、感情もここに記録されています。

このシータ波の状態になると、顕在意識では理解できないですが、かなり深いところでヒーリングが起こります。

そして**変性意識（意識が拡大された深い瞑想状態）になると、時間の感覚を速く感じる**ようになります。時間が短縮され、すべてが同時に起こっているような感覚です。だから1時間のイメージトレーニングが10分くらいに感じることもあり、驚かれる方が多いです。

昔、三段跳びの金メダリスト（外国の方）とお話しする機会がありました。そのとき、質問された内容を今でも覚えています。

「いつも15分ほどイメージトレーニングをしようと決めてやっているけれど、終わって時計を見ると、毎回2時間も経っている。これはどうしてだろう」って。

スポーツやイメトレに限らず、皆さんも楽しんでいるときには時間を短く感じると思いませんか。

当社の授業は7時間ですが、「今でどれくらいの時間が経ったと感じる？」と終盤になって聞くと、ほとんどの方が「2〜3時間」と答えられます。すごく早く感じるのですね。

じつは、自分が感じた時間しか年をとっていないのですよ！

だから生徒の皆さんにはこう伝えます。

「よかったね〜。まだ3時間しか年をとってないよ！　4時間の得（笑）」。そうなんです。本当にそれだけしか年をとっていないのです。

自分が感じる時間が本当の年です。

同じ年齢でも若く見える人は、きっと大好きなことをしているのでしょう。

第1章でもお伝えしたように、笑っているときの脳波は高僧が慈悲の瞑想をしている脳波と同じです。笑いも瞑想。イメージングも瞑想。なので私の授業は1日中、ヒーリングが起こる瞑想状態ということですね。

はい、皆さん、今日も若返りにＡＬＷＡＹＳ　ＥＮＪＯＹ！

あなたを苦しめているのは、あなた自身の中にある

本書でトラウマについて何度も触れてきましたが……。

いろんなトラウマが思い込みをつくり出し、その思い込みからネガティブな思考が無意識にとめどなく押し寄せてきます。そしてその思考が痛みの感情をともない、ネガティブな行動パターンを形成し、現実化しているのです。

このネガティブ**な無意識思考のループから解放されたとき、今度は幸せへの道を選択できる**ようになるでしょう。

私は、このネガティブ思考を「となりのうるさいおっちゃん」と名づけました（笑）。わっはっは!!

過去や未来ではなく今を生きることがグランディングですね。授業では、とくにグランディングを教えています。

生きている限り、とめどなくやってくるこの無意識思考。どんな事象も、世界中の誰であっても、あなたを苦しめることはできません。あなたを苦しめているのは、自

分自身の中にあるのです。

淡路のホピヴィレッジは隣の家まで1キロ近く離れているので、夜間には明かりがなく真っ暗です。だから星空のきれいなこと！

星を眺めている瞬間、今を生きていると実感し、思考が止まります。

昔、セドナからインディアンのホピ村に行き、そこからグランドキャニオンまでドライブした途中、広大な土地と景色を見て思いました。

「電気もなにもないこの場所で星を見てみたい！」って。当時の思いをもとにホピヴィレッジを創ったのです。さらに偶然ではなく、必然の出逢いがありました。

HOPIからのメッセージを届ける『ホピの予言』というドキュメンタリー映画があります。この映画撮影に同行されていた医療体操の恩師・足助照子先生が、HOPIの長老から石板をいただいたのです。照子先生が他界される前に「これはあなたが持っていなさい」と私のもとに回ってきました。それも含め平和と癒しをイメージして「淡路ホピヴィレッジ」という名にしたのです。

「ホピ」とは「平和の民」という意味です。

ときには星空を眺め、大地にしっかり足をつけてグランディングし、自然とつながることも大切ですね。

誰かの人生ではなく、自分の人生を生きるために

以前、お子さんとスクールに参加されていたお母様から「子どものことをイメージしてもいいですか」と聞かれました。

私はこうお伝えしました。

「もちろんいいですよ。ただ、お子さんは就職したいと思っているのに、お母さんは大学に行ってほしいからと、大学に通っているイメージをしてもそれは叶いませんよ。お子さんがやりたいことをイメージしてあげてね」

すると、横でこっそり聞いていた別のお母様が、「キャー、耳痛いよ〜」と。

そして隣にいた大学生の息子さんにひと言。

「親の人生じゃなく、自分の人生を生きるんだよ！」

そのやり取りを聞いてみんなで大笑いしました。他人の心は他人のもの。自分の心は自分のもの。自分の思いどおりに他者をイメージでコントロールすることはできま

せんね。

大事なので繰り返しますが、かつての日本では犠牲の愛が美学で常識でした。


自分さえ我慢していたら……。

自分が犠牲になってでも……。

自分さえがんばれば……。


そうやって自分の気持ちを犠牲にすることを教えられてきたのです。たしかに、これもすばらしい親の愛情です。ですが子どもにとっては、自分を犠牲にして育ててくれている姿よりも、幸せな親の姿を見たいものです。

さらにそうやって育てられた子どもは、いざ自分が親になったとき、同じように犠牲の愛を子どもにそそぐようになります。この連鎖を誰かが止めるといいね。

これからは、愛と調和で自分も他人も幸せにね。

世の人びとの声を聞き、助けてくれる仏教の観音様は「音を観る」と書きます。これを自身に当てはめると、**自分の声（音）を聞き、本当にやりたいことを声に出し、**

行動に移すこと。これで本来の自己、すなわちハイアーセルフとつながることになるわけです。

自分を信じるとは、ハイアーセルフ（本来の自己／大いなる自己）を信じること。そうやって自分を信じることができたとき、人からも信頼されるようになるのです。

直観（内なる自己）に従って行動したとき、愛の創造が始まります（正しい、間違いや損得、犠牲の選択は直観ではないですね）。

子どもの皆さん、自分の内なる声に従って、自分の人生を歩んでくださいね。

〝根っこ〟を変えると人生は好転する

私たちの人生を創っている根っこは「信念、価値観、イメージ」です。

それが「姿勢、態度、身体」を創り、そこから「能力、スキルのレベル」が積み上がり、「行動パターン」が形成され、「自分の人生、環境」ができ上がるのです。

だから、**人生を変えたければ、根っこにある古い信念や価値観、思い込み、イメージと向き合うことが大事**ですね。

根っこの信念、価値観、思い込み、イメージが変わると、思考や感情パターンが変わり、態度や顔の表情まで変わります。すると能力・才能がアップし、行動パターンが変わって、人生が好転するのです。

反応心が変わり、思考、感情、行動、人生のすべてが変わることで、今まであればネガティブに捉えていた事象が起きても葛藤がなくなり、逆に感謝の気持ちになったという人もいます。すなわち、問題は外にではなく、内にあったということですね。

アインシュタインはこんな言葉を残しています。

「愚か者は同じことを繰り返しながら、違った結果を期待する」
「いかなる問題も、それが発生したのと同じ次元で解決することはできない」

つまりパターンを変えたければ、実践が大事だということです。

〝わかっている人（学んだことを実践し体験した人）〟と、〝知っている人（左脳で考え、知識があるだけの人）〟との間には天と地ほどの差があり、人生の変化も両者でまったく異なるのです。楽しみながら実践！　ですね。

奇跡が続くと、それは普通のことになる

スクールの生徒さんから日々、喜びのご報告をたくさんいただきます。

とくに多いのが、病院では治らないと言われた病気が治ったというご報告。

イメージングのやり方は教えますが、実際に実践して奇跡を見せてくれるのは生徒さんたちなんですね。

でもね、**奇跡が続くと、もはや私の中では奇跡ではなく普通のことのように感じるのです。**

そもそも奇跡ってなんなのでしょう。

昭和生まれの私には（笑）、あの黒電話が携帯電話やスマートフォンになるなんて！　あの時代からすれば奇跡以外の何物でもありません。でも今では普通ですからね。今やスマホしか知らない世代も。

潜在意識の95％もフルに使い、人間がもてる能力を１００％発揮したときの力って

いったいどれほどすごいんだろう。

インドでは不食の人がいるといわれているように、何も食べずに生きている人がいます。何も食べずに生きるなんてまさに奇跡。ベジタリアンからヴィーガン（完全菜食主義者）を超えて、ブレサリアン（何も食べず呼吸だけで生きる人）ですから。

でも、そのブレサリアンですら、人間の潜在能力の１００％を使っているのか、10％ほどを使っているのかわからない……と思っていたら、なんとテレビで世界では不食の人が10万人もいることを知りました。

その瞬間、私の心が変わりました。「ブレサリアンは奇跡ではなく、普通だ」と（笑）。わっはっは!!

奇跡って、ただ「誰もやったことがない」「知らない」「見たことがない」「常識という枠組みに縛られていない」だけなのかもしれないですね。

だから、生徒さんが実践した奇跡をスクールや講演会で伝えると、それを聞いた人が**「私にもできるかも」と実践の連鎖が始まり、奇跡が続いていく**んです。

奇跡が普通になった心が「信じる」ということなんでしょうね。信念が現実化するのですから……というより、本当はそもそも奇跡なんてないのかもしれないですね。

「奇跡」を「普通」にして見せてくれたすべての卒業生の皆さんに感謝です。

奇跡とは、本来の自分である

奇跡の話をもう少し。

とにかく生徒さんたちからいろんな奇跡を見せていただくわけですが、そうやって奇跡を起こす人たちは、それを起こそうとしたのではなく、そもそも奇跡だとは思っていないのですね。

それが現実化することを信じている人にとっては、それを奇跡とは思わないでしょう。周りから見ると奇跡的な出来事でも、その人にとっては普通なんです。

奇跡であれ、望まないことであれ……何かを信じるとは、すごいエネルギーですね。

さて、淡路で唯一の農家友だちとなった近所の農家のおばちゃんに、会うたびに驚かれてきました。

「肥料もなく育つなんて信じられへん。農薬なしで虫に食べられへんって、信じられへん」

そうやって「なんで？　なんで？」と毎度のごとく「信じられへん」の連発（笑）。

そうです、**「何かが信じられない」ということは、「何かを信じている」**のです。

おばちゃんの場合、「農薬、肥料なしでは野菜は育たない」と信じているわけですね。しかも自信満々に！　わっはっは!!

ちなみに「奇跡」を辞書で調べると、「神秘的な神の御業の跡」とありました。神とは人物ではなく神エネルギーであり、神意識のことでもあり、無限の愛でもあり……村上和雄先生の言葉を借りれば「サムシング・グレート」ですね。

自我と真我。ロウアーセルフとハイアーセルフ。恐れと愛……すなわち**奇跡とは、本来の自分**です。私は「ちっちゃいおっちゃん」「大きいおっちゃん」の下に本来の自分「偉大なおっちゃんがいる！」と言っていますが（笑）。わっはっは!!

自分に合った呼吸法で自律神経を整える

2019年から仕事量を減らし、田舎で畑をしながらのんびりする時間を増やしたわけですが……よくよく考えると私は小学生のときから働いてきました。

人生初のお仕事は新聞配達でした。やけに楽しかったのを思い出します。学生時代にもいろいろなバイトを経験し、それが今とても役に立っているんですね。

イチローさんや石川遼選手、さかなクンのように子どものころに夢を見つけて一直線の人もいれば、いろいろと経験しながら自分の道を行く人もいれば……どちらの人生もすばらしいと思うようになりました。

さて、4月はうつ病などいろんな症状が出る人が多くなるといわれます。日本の場合、4月は就職や進学など、新しい環境や新しい出逢いを経験するタイミングだからですね。

とくに日本人は真面目ですからね。約束や時間もきっちり守ります。すばらしい文化ですが、努力、根性、忍耐、修業が美学の昭和生まれの人は、「〜しなければならない」というプレッシャーが大きすぎるように思います。その結果、ストレスの交感神経が強くなり、自律神経のバランスが悪くなりやすいんですね。

ほかの国の人たちは、もっといい意味でゆるいですね。

世界38か国を旅行してきた中、電車が時間どおりに来る国なんて日本だけかも？

アメリカに2年間住んでいたとき、びっくりしたことがありました。

デパートのメイシーズでドレスを買おうとしたところ、値札が付いていなくて店員さんに聞きました。すると店員さん、どうしたと思いますか。まったく違うドレスを持ってくると、その値札を切って、「これでいい？」と聞きながらその値札をつけたんです！　購入後、そのドレスをスーパーのナイロン袋に入れて渡されました（笑）。世界中を回って、日本では考えられない体験をたくさんしたおかげで、日本のすばらしさを再認識できたとともに、たまにはこれくらいの気持ちで楽に生きるのもいいねと思うのでした。

話を戻すと、新しい環境で緊張しやすい人はイメトレするといいですね。イメトレの方法がわからない人は**寝る前に意識呼吸**をしてみてください。

難しく考えなくても大丈夫です。よく知られている腹式呼吸でもいいですし、パターンブリージング（５秒間隔で吐いて、吸うを繰り返す）でもいいですし、ヨガ呼吸でもなんでもいいです。**自分が気持ちいいと感じる呼吸法で大丈夫。これで自律神経が整う**でしょう。

日本人は、真面目さゆえに緊張して寝て、緊張して起きるといわれます。意識呼吸で緊張を解いてから寝るだけでも、かなり効果が期待できます。寝る前に過去の記録や感情に振り回され、寝られないときにも効果的です。

私たちがお母さんのお腹に宿ったとき、初期にできる器官が心臓で、その心臓が他の臓器を動かしているのです。心臓は、小さな脳なんですね。すべての記録ももっています。

意識呼吸は、心臓のリズムを整えるための方法です。スポーツや受験、プレゼンなど、あらゆる場面で緊張すると深呼吸しますよね。緊張を解く方法をみんな知っているんです。緊張で自律神経が乱れやすい人は、寝る前に無意識呼吸から意識呼吸へ！

防衛に気づくと、振り回されなくなる

本書で何度も説明してきたトラウマはいろんな思い込みや観念をつくり上げ、二度と傷つかないように抵抗し、さまざまな防衛パターンを形成します。

そのブロックがハイアーセルフ（本来の大いなる自己）から分離させているわけですが、ほとんどの人はそれが防衛だとは気づきません。その結果、反応心や思考に振り回され、さまざまなネガティブな行動を引き起こしてしまうのです。

それが、防衛に気づくだけで思考に振り回されることはなくなり、行動も変わります。

さらに他人の防衛にも気づき、とても楽になりますよ。本来の自分を知ることこそ、本当の幸せへの道ですね。

スクールを受講した生徒さんからも、「防衛に気づくようになった」と感想をよくいただきます。


「すぐにグランディングしたら今までのパターンと変わった」

「今までなら子どもと大喧嘩していたのに、反応心に振り回されず、子どもとの関係がよくなった」

「お客様からクレームを受けると今までは泣いていたのに、平常心で対応できるようになった」

「これまで仕事で苦しんできたけれど、望む仕事に就けた」

「DVする人とばかり付き合っていたけれど別れられた。するとやさしい彼ができた」

などなど。これが進化なんですね。つまり**今までは無意識だったのが、意識できた**ということです。これは本当にすごいことなんです。

さらに健康面でも嬉しいシェアがありました。

「多発性硬化症がよくなって、とうとう薬をやめられた」と涙を流して語ってくださった方がいました。甲状腺の病気の方も同じく、よくなって薬から解放！ 子宮がんの検査でひっかかっていた人は、1か月間のイメトレでお医者様から何もないと言ってもらえる場面をイメージしていたら、本当にそう言われたと大喜び！

これらはすべて**ご自身の力**です。自分を信じ、学んだことを活かして幸せになってほしいですね！

「本当はどうしたいの？」

講演会でも名刺やティッシュでの割り箸切りをやっています。イマジネーション（右脳）の力を体験してもらうのが目的です。

「やってみたい人～？」と声をかけ、手を挙げた人に実際に割り箸切りを体験してもらいます。**手を挙げた皆さんは、ハートに正直に、望むことを選択された人**ですね。

講演会終了後、あらためて聞いてみるときがあります。

「本当は、自分も割り箸切りをやってみたかった人〜？」

すると多くの人が手を挙げるんです。

そう、ここなんです。

「本当はやってみたい」

ハートは正直です。でも手が挙がらない。

なぜでしょう。

失敗して恥をかいたり、バカにされたりして傷つくくらいなら、やめておいたほうがいい。

毎回、瞬時にこうして防衛しているんです。

でもね、もう一度、自分のハートに聞いてみてください。

「本当はどうしたいの？」

これが幸せへの真実の道です。

やりたいこと、望むことは、本当はみんな知っているんですね。

これが、自分の人生の選択だとしたら……。

何度でも自分に聞いてみよう。

「本当はどうしたいの？」

ネガティブな事象は、本来の自分に戻るチャンス

私の講演会に来られたことがある人はご存じでしょうが、舞台に出る前にプロフィールのＤＶＤを流します。

「生まれる前に、めっちゃチャレンジできるように人生脚本を自分で書いた」

「貧困の家で生まれる」

「やるやん！」

「親の離婚、親せきに預けられて虐待」

「超やるやん！」

「兄、弟、妹が天国に行った」

……とこんな感じで私のプロフィールはスタートします。一見、大変な人生のように見えますが、私も含めてすべての人は自分の運命を自分で選択しています。

そうです、すべて自分の選択なんです。

私はこれまで何十万人もの人たちと出逢ってきましたが、「生まれてから今まで何の問題もなかった」という人に会ったことがありません。つまり変容のプロセスは誰にでもあるということです。魂の成長のために、ある程度、自分で人生脚本を書いているのです。

そう。地球に生まれた人はみんなチャレンジャー！　そこから気づき、学び、成長していきます。

運命が変わるのは、そこで学んだ人。そのプロセスは終了し、学ぶ必要がなくなったからです。すると人生は好転します。

成長への第一歩は**「すべての現実は自分で選択している」という気づき**です。自分の苦しみが他者によってもたらされたと思っている限り、プロセスは続くのです。抵抗を手放し、「あるがままに受け入れる」とはこのことですね。

人によってテーマは違うでしょう。

私は貧困によって「自立する」ことを学びました。

虐待によって「許す」という学びがありました。

23歳からは経営者として、「裏切り」「お金のトラブル」の体験から「真のリーダーとは」「信頼とは」という学びがありました。

病気によって「思い込みを手放す心の在り方」や「自分を愛する」ことを学びました。

兄、弟、妹や親友の死によって、「生と死」について学び、瞑想とイメージングによって「本来の自分、叡智」とつながり、すべてに感謝しました。

今、困難のただ中にいる人、魂は喜んでいますよ。「すばらしいチャレンジャー」と自分を褒めてあげましょう。**一見ネガティブに思えることは魂からのギフト、自分らしい人生に転換するためのチャンス**です。

恩師の一人がおっしゃっていました。

「プロセスがまだ残っているのなら、すべてのプロセスを一気にください」とイメージしたら、1週間で会社が倒産したそうです。「だからプロセスは徐々にね」って笑って言っていました。

外側では苦しいように思いますが、気づき、学んだあとは、本当に幸せいっぱいになります。すべてはうまくいっている！　わっはっは!!　すべてのドラマを楽しんで！

楽しいという心が開く未来

私のスクールはとにかく笑いが中心です。どうせ学ぶなら楽しんで勉強したほうがいいですし、笑いによって遺伝子のスイッチがＯＮにもなります。

勉強は難しいものではないですね。

この世に難しいことがあるのではなく、この世に大変なことがあるのでもなく、難しいという思い込み、大変という思い込みが外側の世界にそれを投影させているだけです。

同じように、**楽しいことがこの世にあるのではなく、私たちは楽しいという心によって楽しい世界を体験しているの**ですね。

まずは、笑ってみよう。

そしたら周りも笑うから。


はい。今日もみんなでよく笑いました。わっはっは!!

運がいいと思う人は、本当に運がいい

今、大手企業の面接でも、最後にこんな質問をするそうです。

「あなたは運がいいと思いますか」と。

「はい」と答えた人だけを合格にする会社もあるほどです。

アメリカで実施されたこんな実験もあります。

グループを二つに分けて、「新聞の中に写真が何枚あるかを数えてください」と指示しました。

すると、一方のグループはわずか数秒で見つけたのです。ところがもう一方のグループは2分もかかりました。

数秒で見つけたグループは、「自分は運がいい」とイメージしている人たちだったのです。

新聞には、大きな字でこう書かれていました。

「この新聞の写真は43枚です」

自分は運がいいとイメージしている人たちは、この文字を見たのです。

ところが、「自分は運が悪い」と思い込んでいる人たちには、このメッセージは見えませんでした。だからずっと写真を数えていたんですね。

しかもその新聞には、「数えなくても結構です。係りの人に『このメッセージを見た』と言えば２５０ドルもらえます」とも書かれてありました。

自分は運がいいと思い込んでいた人たちはこのメッセージにもすぐ気づき、２５０ドルゲット！　です。一方のグループの人たちは、案の定、このメッセージさえも見逃していました。

ポジティブであれ、ネガティブであれ、イメージの力はそれほどまでに大きいのです。

はい。今日のブログ（本項）を読んだ人は運がいい（笑）。わっはっは!!

おわりに

最後までお読みいただき、本当にありがとうございます。

私は現在、兵庫県淡路市の大自然の中でセミナーハウス「ホピヴィレッジ」を運営しています。

また、全国各地の講演会に出演させていただき、豊かな人生を歩むヒントを多くの方々にお伝えする機会をいただいています。

淡路のホピヴィレッジや講演会に来られる方々はじつにさまざま。経営者や会社役員の方から、お医者さん、ビジネスパーソン、セラピスト、スポーツ選手、主婦、教師や大学教授、大学生、士業の先生方、お坊さん、神主さん、そして子どもたちまで、本当にたくさんの方々と出逢ってきました。

お伝えしているのは難しい話ではありません。むしろ心理学の専門用語を外し、わかりやすいよう笑いを交えて……というより、ほとんどお笑いライブのようなかたちを意図して大切にしてきました。

「直観を信じ、自分を愛し、自分のハートに従って生きる」
「ＡＬＷＡＹＳ　ＥＮＪＯＹ！」
「笑う、楽しむ、遊ぶ」

をモットーにしているからです。

スクールを「お笑い心理学」とよび、私自身の「お笑いセラピスト」という肩書もすっかり定着しました（笑）。

そんな私が「Ｇ－ｎｉｕｓ５」という現在の会社を立ち上げたのは１９９５年。この年を聞いてピンときた方も多いのではないでしょうか。

そうです、阪神・淡路大震災が起きた年です。私自身、被災者でもあり、震災の経験によって大きな学びと気づきを得ました。さらに１９９５年といえば地下鉄サリン事件が社会を震撼させ、ウィンドウズ95が発売されてインターネット時代の幕が開けた年でもあります。

そんな社会が大きく動いた１９９５年に、セミナー会社を立ち上げて新たな歩みを始めたのです。

２０２０年は会社設立25周年であり、セラピストとしては30年の節目の年。またその前年にはなりますが、２０１９年9月は淡路島の「ホピヴィレッジ」を開設して5周年でもありました。震災やパンデミックという大きな出来事が、私の人生の節目と変革や成長、進化のタイミングと重なってきたのです。

そんな２０２０年に向けて、1年前から2冊の書籍の発刊を予定して話を進めてきていました。１冊は、私の処女作『想像して創造する』の改訂版。そしてもう１冊が本書『いつか幸せではなく、今幸せでええやん！』です。

きっかけは、私の3冊の著書の編集者でもある高橋君とひさびさにお会いしたことでした。高橋君の娘さんが当社の子どもクラスに参加されることになり、その再会を機に『想像して創造する』の改訂版の相談をしたのです。

改訂版の話はまとまり、さらに高橋君から提案を受けました。

「尾﨑さんのブログは多くの人を勇気づけます。ぜひ本にまとめましょう」

東日本大震災が起きた２０１１年の6月19日、思い立ってブログ（お笑いセラピストのブログ）を始めることにしました。当初は長く続けるつもりはなかったのですが、気づけば10年目。記事の数は１９００本を超えていました。

お蔭さまで、アメブロのフォロワー数だけでも８５００人を上回る読者の皆さんにめぐまれています。さらにフォロワーさん以外の多くの方々も楽しく読んでくださっていますが、ブログを長く続けるなかで情報が蓄積し、過去記事にアクセスしにくいといった課題がありました。

「テーマを切って本として編むことで、尾﨑さんのブログを必要とする人に届けたいんです」

高橋君の思いを受けて制作を託し、でき上がったのが本書です。

全国の講演会に出演させていただくと、多くの皆さんから「いつもブログで元気をもらっています」「ブログを読んでいるだけで、うつ病が治りました」といった喜びの声をいただきます。

ブログだけでも元気になってくださる人がいる——セラピストとしてこんなに嬉しいことはありません。本書に加えて、ブログにも目を通していただけると幸いです。

これからも、少しでも癒しをお届けできるよう、書き続けていきたいと思います。

読者の皆様、ありがとうございました。

２０２０年8月　尾﨑里美

【著者】
尾﨑里美（おざき・さとみ）
自称お笑いセラピスト
20歳のときに10年目標を決め、イメージングを始める。23歳、25歳、27歳で計3店舗の美容室をオープン。以降も他業種へと事業を拡大し、27歳で年商5億円の会社に成長させビジネスの成幸へ。その後、病気がきっかけで魂が望む使命に気づき、セラピストの道へ。セミナー運営会社（有）G-nius5設立。自己啓発、ブリージング（呼吸法）、波動研究、トランスパーソナル心理学、イメージ療法、ヒプノセラピー、潜在能力開発、人間行動学、自己超越セミナー、エネルギーワークなどの学びを活かし、〝お笑いセラピスト〟として難しい心理学をわかりやすく伝え始める。
39歳で渡米し、アメリカでNational Guild of Hypnotistsのプロライセンスを取得。さらに日本人で初めてイギリスのThe Hypnothink Foundationのプロライセンスを取得。NLPを創始者ジョングリンダー博士から、医療体操を足助照子先生から学ぶ。バーバラブレナンヒーリングサイエンス単科大学。アクシオトーナル・アライメント資格取得。
2014年、事務所を神戸から淡路島に移転。1400坪の土地にヒーリングハウス「ホピヴィレッジ」を建設・オープン。現在、スクール・講演活動、会社顧問として活躍。スクールの卒業生は15万人を超える。Hypnothink Association JAPAN 理事。
著書に『想像して創造する』『幸せの真実』『ちっちゃいおっちゃん』（以上、カナリアコミュニケーションズ）、『夢を叶える』（しちだ・教育研究所）がある。

オフィスのご案内
（有）G-nius5　Hopi Village（淡路セミナーハウス）
〒656-1503兵庫県淡路市遠田3104
TEL 0799-70-6800　　FAX 078-330-3678
MAIL yoyaku@g-nius5.com　　URL http://www.g-nius5.com

いつか幸せではなく、今幸せでええやん！

2020年 11月25日　初版第1刷発行
2022年　4月15日　初版第2刷発行

著　　者　尾﨑里美
発 行 人　高橋武男
発 行 所　スタブロブックス株式会社
〒673-1446兵庫県加東市上田603-2
TEL 0795-20-6719　　FAX 0795-20-3613
info@stablobooks.co.jp
https://stablobooks.co.jp

印刷・製本　シナノ印刷株式会社

ISBN978-4-910371-00-9 C0030　定価はカバーに表示してあります。
落丁・乱丁本がございましたらお取り替えいたします。